Thomas Gernbauer

Probleme methodisch lösen mit KI.

Methoden, Mindset & Praxis für kreative Systemlösungen

Thomas Gernbauer - Probleme methodisch lösen mit KI.

Zum Autor:

Thomas Gernbauer ist ein österreichischer Innovationscoach, Unternehmer und Autor, der sich auf disruptive Innovationen, erneuerbare Energien und die Entwicklung kreativer Lösungen durch KI und agiles Management spezialisiert hat. Er hat auch das Konzept der Wesensgerechtigkeit entwickelt.

Er fungiert auch als Seminarleiter für Innovationsprozesse mit dem selbstentwickelten Innovationscanvas.

Kontakt: office@gernbauer.com

Inhalt

Vorwort – Warum dieses Buch?

Probleme sind selten das, was sie zu sein scheinen.

Oft behandeln wir Symptome, statt Ursachen.
Oft optimieren wir, was wir längst hinterfragen sollten.
Und manchmal übersehen wir das Naheliegende, weil unser Denken in bekannten Bahnen fährt.

Dieses Buch ist für Menschen, die das ändern wollen.

Es ist für Unternehmer:innen, Teams, Entscheider:innen, Kreative, Strateg:innen – und alle, die mutig genug sind, komplexe Herausforderungen nicht mit schnellen Antworten, sondern mit klugem Denken zu begegnen.

Und ja – es ist auch ein Buch über Künstliche Intelligenz.

Aber nicht im Sinne von Hype oder Toolkits. Sondern als Denkpartnerin. Als Perspektivwechselmaschine. Als Katalysator für systemisches, kreatives, zukunftstaugliches Handeln.

Du findest hier keine allgemeine Einführung in ChatGPT oder künstliche Intelligenz im engeren Sinn.
Stattdessen findest du **20 praxiserprobte Denk- und Problemlösungsmethoden**, konsequent angewendet mit Unterstützung von KI – und immer verankert im echten Leben, mit echten Beispielen und konkreten Prompts.

Thomas Gernbauer - Probleme methodisch lösen mit KI.

Dieses Buch ist **kein Lehrbuch**.

Es ist ein **Handbuch für Möglichmacher:innen**.

Ein Denkraum, der sich öffnen will – mit dir.

Los geht's.

Thomas Gernbauer

Einleitung

Probleme lösen in einer Welt, die sich selbst ständig neu erfindet

Komplexe Probleme lassen sich nicht mit linearem Denken lösen.
Das klingt vielleicht nach einem Zitat von Einstein – ist aber heute
Alltag für Teams, Organisationen, Führungskräfte, Unternehmer:innen
und Gestalter:innen aller Art.

Wir leben in einer Welt, in der sich Technologien schneller entwickeln
als unsere Strukturen und die Menschen hinterherkommen.
In der Märkte sich verschieben, bevor Strategien greifen.
Und in der selbst gut gemeinte Lösungen zu neuen Problemen führen –
Stichwort Nebenwirkungen, Zielkonflikte, Dynamiken.

Diese neue Komplexität verlangt neue Arten des Denkens.

Es geht nicht mehr darum, „richtig" zu entscheiden.
Sondern darum, **beweglich, systemisch und lernfähig** zu bleiben.
Es geht nicht mehr darum, „die eine richtige Lösung" zu finden –
sondern **die relevante Frage**, das **entscheidende Muster**, den
einflussreichsten Hebel.

KI ist kein Ersatz. Sie ist ein Denkverstärker.

In diesem Buch geht es um **Problemlösung mit Künstlicher
Intelligenz** – aber nicht im Sinn von „automatisieren, was wir nicht

mehr selbst denken wollen".

Sondern genau im Gegenteil:

KI wird hier zur Partnerin im Denken.

Sie strukturiert, provoziert, simuliert, spiegelt, verstärkt – aber sie ersetzt nicht deine Neugier, dein Urteil, deine Verantwortung.

KI hilft dir, Hypothesen schneller zu formulieren.
Sie hilft, Denkfehler sichtbar zu machen, Muster zu erkennen, Perspektiven zu spiegeln, komplexe Sachverhalte zu entwirren.
Sie denkt mit – **nicht statt.**

Dieses Buch zeigt dir, wie das gelingen kann – mit Haltung, mit Methodik, mit echten Beispielen aus der Praxis.

Methoden. Muster. Menschlichkeit.

Du hältst kein Tool-Buch in Händen.
Du hältst ein **Denk- und Handlungssystem** für moderne Problemlösung.

Das Buch ist in drei Abschnitte gegliedert:

Probleme erkennen & durchdringen
– mit Methoden, die Klarheit, Struktur und Entscheidungsfähigkeit schaffen

Thomas Gernbauer - Probleme methodisch lösen mit KI.

Denkbarrieren aufbrechen & neue Wege bauen
– mit Perspektivwechseln, Kreativtechniken und systemischen
Modellen

Orientierung schaffen & kollektive Intelligenz nutzen
– mit narrativem Denken, Sensemaking und intelligentem KI-Einsatz

Jedes Kapitel enthält:

eine praxiserprobte Methode,

den passenden Einsatz von KI (inkl. konkreten Prompts),

reale Beispiele,

Workshop-Impulse,

und Hinweise zur Kombination mit anderen Ansätzen.

Der rote Faden?
Du lernst, wie du KI nicht als Maschinenmagie, sondern als
Verlängerung deines Denkens nutzen kannst – klug, reflektiert,
verantwortungsvoll.

Denn am Ende geht es nicht nur darum, Probleme zu lösen.
Es geht darum, **besser zu verstehen, klüger zu handeln**, und dabei
menschlich zu bleiben – auch (und gerade) im Zeitalter der
Maschinen.

Abschnitt I. Probleme erkennen & durchdringen

Kapitel 1: Probleme aufspüren mit der Fishbone-Methode

Ein strukturiertes Denken für eine komplexe Welt – neu gedacht mit KI.

Problemwelt & Relevanz

Organisationen – ob Konzern, Start-up oder öffentlicher Träger – leben in einem Spannungsfeld aus Wandel, Komplexität und Erwartungsdruck. In dieser Realität ist es nicht mehr ausreichend, einfach „intuitiv" zu entscheiden oder Probleme nur oberflächlich zu beheben. Viel zu oft wird an den Symptomen geschraubt, während die Ursachen im Verborgenen bleiben. Oder schlimmer: Man bekämpft das Falsche – und stabilisiert dadurch das Problem.

Die Fishbone-Methode (auch: Ishikawa-Diagramm) bietet genau hier einen Hebel. Sie zwingt zum Hinschauen, zum Systemdenken, zur sauberen Trennung von Ursache und Wirkung – und damit zu einer **Disziplin des Denkens**, die heute gefragter ist denn je.

Thomas Gernbauer - Probleme methodisch lösen mit KI.

Doch wo der Mensch oft betriebsblind, voreingenommen oder unter Zeitdruck handelt, kann Künstliche Intelligenz ein exzellenter Katalysator sein: Sie ist schnell, datengestützt, assoziativ – und bereit, Zusammenhänge zu entdecken, die dem menschlichen Blick entgehen. Die Kombination von strukturiertem Denken und intelligenter Technologie wird so zur **entscheidenden Kompetenz im 21. Jahrhundert.**

Die Methode erklärt

Die Fishbone-Methode wurde in den 1960er-Jahren von Kaoru Ishikawa entwickelt – zunächst als Werkzeug zur Qualitätssicherung in der Produktion. Doch längst ist sie über ihren Ursprung hinausgewachsen: Heute wird sie in der Problemanalyse, Prozessoptimierung, Produktentwicklung, Fehlerprävention und sogar in der strategischen Planung eingesetzt.

Der Aufbau:

Problemdefinition (am „Kopf" des Fisches)

Hauptursachenkategorien (Gräten):
Klassisch:

Mensch (Fähigkeiten, Kommunikation, Motivation)

Maschine (Technik, Tools, IT-Systeme)

Thomas Gernbauer - Probleme methodisch lösen mit KI.

Methode (Arbeitsweise, Prozesse, Standards)

Material (Rohstoffe, Informationen, Daten)

Milieu/Management (Führung, Kultur, Umfeld)

Messung (Kennzahlen, Analysen, Monitoring)

Detaillierte Ursachen: werden entlang jeder Kategorie gesammelt, beschrieben und visualisiert.

Der große Vorteil: Die Methode zwingt zur **Perspektivenvielfalt**, fördert den Dialog im Team und schafft ein gemeinsames mentales Modell eines Problems.

KI als Verstärker: Neue Dimensionen für alte Denkmodelle

Die Fishbone-Methode bleibt auch mit KI ein Werkzeug der menschlichen Reflexion – aber sie wird durch intelligente Systeme **präziser, schneller und datengetriebener**.

Statt stundenlanger Debatten im Konferenzraum kann ein KI-System binnen Minuten:

relevante Daten analysieren,

Ursachen priorisieren,

Thomas Gernbauer - Probleme methodisch lösen mit KI.

ähnliche Fälle aus der Vergangenheit heranziehen,

und Visualisierungen automatisieren.

Typische KI-Unterstützung:

Anwendung	KI-Typ	Beispiel
Ursachen aus Textdaten extrahieren	NLP	Kundenrezensionen analysieren
Mustererkennung in Prozessen	ML / Predictive Analytics	Produktionsfehler mit Maschinendaten korrelieren
Visualisierung automatisieren	Generative KI + Diagramm-Tools	Interaktive Ursache-Wirkungs-Diagramme
Kollaborative Analyse	Sprach-KI	Brainstorming simulieren, z.□B. ChatGPT im Workshop-Modus

Praxisbeispiel: Lieferverzögerungen im Maschinenbau

Ein Maschinenbauunternehmen mit 350 Mitarbeitenden stellt hochspezialisierte Verpackungsanlagen für Lebensmittel her. In den letzten Monaten häufen sich Kundenreklamationen aufgrund verspäteter

Thomas Gernbauer - Probleme methodisch lösen mit KI.

Auslieferungen. Die Geschäftsleitung will das Problem systematisch untersuchen – unter Einbindung von KI.

Ausgangsfrage:

Warum verzögern sich unsere Liefertermine durchschnittlich um 12 Tage?

Klassische Vorgehensweise (manuell):

Workshops, Interviews, Flipchart – viele Meinungen, wenig Daten.

Neue Herangehensweise mit KI-Unterstützung:

Datenquellen bündeln:

Produktionsdaten (z. B. Maschinenstillstände, Wartungsintervalle)

HR-Daten (Krankheitsraten)

Lieferanten-Feedback

Kundenbeschwerden (CRM, E-Mails, Online-Reviews)

Automatisierte Hypothesenbildung durch KI:

NLP-Analyse von Kundenfeedback zeigt häufige Begriffe wie „Verzögerung durch Komponentenmangel".

ML-Modell erkennt Korrelation zwischen Maschinenausfällen und verspäteten Lieferungen.

KI erkennt ein Reporting-Problem: „Pünktlichkeit" wird im ERP-System intern anders definiert als von Kunden wahrgenommen.

Visualisierung durch Diagramm-KI: Ein KI-gestütztes Tool wie Miro AI, Lucidchart GPT oder Notion AI übersetzt die analysierten Ursachen direkt in eine visuelle Fishbone-Struktur – inkl. Link zu relevanten Datenquellen.

Maßnahmen:

Digitale Früherkennung bei kritischen Lieferketten

Optimierung der Maschinenwartung mittels Predictive Maintenance

Anpassung der KPI-Definition zur Kundensicht

Detaillierte KI-Prompts für den Einsatz in der Praxis

Hier sind **konkrete, anwendungsreife Prompts**, die du in verschiedenen KI-Systemen nutzen kannst:

Für generative KI (z. B. ChatGPT, Claude, Perplexity):

Ich analysiere aktuell das Problem „[PROBLEM]" in meinem Unternehmen. Erstelle ein Fishbone-Diagramm mit mindestens 6 Ursachekategorien (z. B. Mensch, Methode, Maschine etc.) und je 3 möglichen Ursachen, die typisch in einem [Branche]-Kontext vorkommen. Gib mir die Ausgabe als gegliederte Liste, nicht als Bild.

Beispiel:

Thomas Gernbauer - Probleme methodisch lösen mit KI.

Ich analysiere aktuell das Problem „verspätete Lieferungen" in meinem Maschinenbauunternehmen. Erstelle ein Fishbone-Diagramm mit mindestens 6 Ursachekategorien…

Problem: Verspätete Lieferungen im Maschinenbauunternehmen

„Lieferungen kommen zu spät beim Kunden an – warum?"

Fishbone-Diagramm – Hauptursachenkategorien:

Hier die **6 klassischen Hauptkategorien** mit typischen Unterursachen, speziell für den Maschinenbau:

1. Mensch (Personal)

Unzureichende Schulung in der Logistik

Planungsfehler durch Überlastung

Mangelnde Kommunikation zwischen Vertrieb & Produktion

Fehlende Verantwortlichkeit bei Verzögerungen

2. Maschine (Technik)

Ausfall von Produktionsanlagen

Wartungsrückstände oder veraltete Maschinen

Engpässe bei Prüfständen oder Verpackungseinheiten

Verzögerungen durch manuelle statt automatisierte Prozesse

3. Material (Teile & Komponenten)

Fehlteile oder Lieferverzögerungen von Zulieferern

Materialengpässe durch schlechte Bedarfsplanung

Lagerbestände nicht synchron mit Produktion

Qualitätsprobleme → Nacharbeit nötig

4. Methode (Prozesse)

Unklare Schnittstellen zwischen Abteilungen

Keine klaren Abläufe für Auftragspriorisierung

Ineffiziente Produktionsplanung (z. B. Engpassressourcen nicht berücksichtigt)

Keine Pufferzeiten im Zeitplan

5. Milieu (Umwelt, Rahmenbedingungen)

Verkehrs- oder Witterungsprobleme bei Auslieferung

Geopolitische Lieferrisiken bei internationalen Komponenten

Streiks oder behördliche Verzögerungen

Pandemiebedingte Einschränkungen (z. B. Fahrerknappheit)

6. Messung (Daten & Kontrolle)

Fehlende Echtzeit-Daten zur Auftragsverfolgung

Thomas Gernbauer - Probleme methodisch lösen mit KI.

Zu späte Erkennung von Verzögerungen

KPIs nicht auf Liefertermintreue ausgerichtet

Mangel an Frühwarnsystemen

Thomas Gernbauer - Probleme methodisch lösen mit KI.

Visuelle Struktur (Textform):

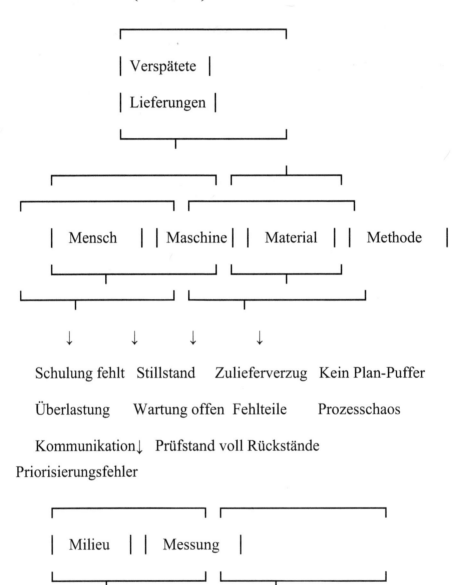

↓   ↓

Wetter, Streik   Keine Live-Daten

Lieferverkehr   Keine Frühwarnung

externe Risiken   KPI-Fokus fehlt

Optionaler GPT-Einsatz (Prompt):

Wenn du das mit KI tiefer analysieren möchtest, kannst du z. B. folgendes fragen:

Ich analysiere das Problem „verspätete Lieferungen" in einem Maschinenbauunternehmen. Bitte erstelle ein Ursache-Wirkungs-Diagramm (Fishbone) mit mindestens 6 Hauptkategorien und je 3–4 typischen Ursachen, angepasst an die Branche. Nutze dabei auch aktuelle Herausforderungen wie Lieferkettenstörungen oder Digitalisierung.

Analyse der Ursachen für verspätete Lieferungen

Für Datenanalyse-KIs (z. B. Power BI mit KI-Erweiterung, IBM Watson):

Analysiere alle Bestell- und Lieferdaten der letzten 12 Monate und identifiziere systematische Verzögerungsfaktoren. Finde Korrelationen mit Maschinenstillständen, Personalausfällen oder externen Lieferproblemen. Visualisiere die Top-5 Ursachen.

Für NLP-basierte Tools (z. B. MonkeyLearn, Azure Text Analytics):

Thomas Gernbauer - Probleme methodisch lösen mit KI.

Analysiere alle Kundenkommentare der letzten 6 Monate auf negative Stimmung und cluster die Nennungen nach häufigsten Ursachen. Kategorisiere anschließend in die 6M der Fishbone-Methode.

Für Diagrammtools mit KI (z. B. Lucidchart + GPT, Miro AI):

Erstelle ein Fishbone-Diagramm zum Thema „[Problem]" mit 6 Hauptursachenkategorien. Nutze Daten aus [Excel/CSV/CRM] und integriere Hyperlinks zu den Belegen der Ursachen.

Workshop-Impulse & Gruppenübung

Ziel: Verbinde kollektive Intuition mit KI-gestütztem Denken.

Individuell: Jede Person erstellt auf Papier ein Fishbone zu einem gemeinsamen Problem.

Im Plenum: Zusammenführung auf Whiteboard (analog oder digital).

KI-Input: Die Gruppe übergibt alle bisherigen Annahmen an eine generative KI mit folgendem Prompt:

„Wir haben folgende Ursachen für [Problem] identifiziert: … Bitte ergänze weitere, ungewöhnliche, datenbasierte oder übersehene Ursachen. Betrachte externe und systemische Einflüsse."

Diskussion: Was überrascht? Was bestätigt? Was übersehen wir immer wieder?

Synergien mit anderen Methoden

Thomas Gernbauer - Probleme methodisch lösen mit KI.

Fishbone eignet sich besonders als Einstiegsmethode, um...

mit **Root Cause Analysis** in die Tiefe zu gehen.

durch **Hypothesen-Testung** (z. B. mit A/B-Tests oder statistischer KI) Ursachen zu validieren.

bei **Pre-Mortem-Analysen** Worst-Case-Szenarien strukturiert vorzudenken.

Fazit: Struktur schafft Klarheit – KI bringt Tiefe

Die Fishbone-Methode ist keine neue Idee – aber in Kombination mit moderner KI wird sie zum **intelligenten Dialogwerkzeug**. Sie hilft, Komplexität zu ordnen, ohne sie zu reduzieren. Und sie erinnert uns daran: Nicht jedes Problem hat eine schnelle Lösung, aber mit der richtigen Struktur wird es **sichtbar, besprechbar – und lösbar**.

Kapitel 2: Klarheit durch Kontext – Die SWOT-Analyse

Stärken erkennen, Schwächen akzeptieren, Chancen nutzen, Risiken verstehen – unterstützt durch KI.

Problemwelt & Relevanz

Inmitten von Disruption, digitalem Wandel und wirtschaftlicher Unsicherheit sitzen viele Entscheider:innen sinnbildlich am Steuer eines Fahrzeugs, das mit Vollgas fährt – doch durch Nebel. Sie haben Daten, Bauchgefühl, Marktwissen. Aber was fehlt, ist **ein Kompass**, der hilft, Entscheidungen zu verorten: *Was ist unsere aktuelle Lage – intern wie extern? Wo liegt unser Hebel? Wo unsere Schwachstelle?*

Die **SWOT-Analyse** ist dieser Kompass. Einfach im Aufbau, aber mächtig in der Wirkung. Sie zwingt zur Ehrlichkeit, zum Perspektivenwechsel – und zur konkreten Einschätzung von Chancen und Risiken. Und hier kann KI enorm unterstützen: nicht nur durch Daten, sondern auch durch kreative Kombinatorik, Szenarienentwicklung und Entbiasung menschlicher Urteile.

Die Methode erklärt

SWOT steht für:

Strengths – Stärken (intern)

Thomas Gernbauer - Probleme methodisch lösen mit KI.

Weaknesses – Schwächen (intern)

Opportunities – Chancen (extern)

Threats – Risiken (extern)

Das Besondere: SWOT verbindet **Selbstreflexion mit Marktwahrnehmung** – und ist sowohl für Unternehmen als auch für Einzelpersonen, Teams oder sogar ganze Projekte einsetzbar.

Typischer Ablauf:

Kontext definieren (Was bewerten wir? Ein Produkt? Ein Geschäftsmodell? Ein Prozess?)

Interne Faktoren analysieren: Was läuft gut, was nicht?

Externe Faktoren analysieren: Was verändert sich im Markt, in der Technologie, in der Gesellschaft?

Bewertung und Strategiefindung: Wie können Stärken genutzt werden, um Chancen zu ergreifen oder Risiken zu minimieren?

Die SWOT ist dabei kein statisches Analyseinstrument, sondern ein lebendiges Denkmodell – besonders in dynamischen Umgebungen.

KI als Sparringspartner: Fakten, Impulse, Muster

Was SWOT traditionell stark macht – Klarheit durch Struktur –, verstärkt KI durch Geschwindigkeit, Kontexttiefe und datengetriebene

Thomas Gernbauer - Probleme methodisch lösen mit KI.

Einsichten. KI hilft dort, wo menschliche Analysen zu oberflächlich oder subjektiv bleiben.

Mögliche Einsatzfelder von KI in der SWOT-Analyse:

Bereich	KI-Unterstützung
Datensammlung & Trendanalyse	Automatisierte Markt-, Wettbewerbs- und Technologierecherche
Bias-Korrektur	KI hinterfragt subjektive Stärken oder Schwächen mit Benchmark-Daten
Szenarienentwicklung	Generative KI schlägt alternative Zukunftsverläufe vor
Kategorisierung	NLP-KI kann große Textmengen nach SWOT-Kategorien clustern
Visualisierung	KI-generierte SWOT-Matrizen oder Heatmaps

Praxisbeispiel: SWOT-Analyse für ein innovatives Energiegemeinschafts-Projekt

Ein kommunales Energieversorgungsunternehmen plant den Aufbau einer regionalen **Energiegemeinschaft**, bei der Bürger:innen eigenen Solarstrom erzeugen, teilen und verkaufen können. Die Idee ist ambitioniert – aber auch mit vielen Unbekannten verbunden.

Thomas Gernbauer - Probleme methodisch lösen mit KI.

Ziel: Eine realistische SWOT-Analyse als Entscheidungsgrundlage.

Vorgehen mit KI:

1. Stärken (S):

Interne Datenanalyse zeigt hohe Netzstabilität und bereits vorhandene Smart-Meter-Infrastruktur.

KI-gestützte Kundenanalyse (z. B. aus CRM, Umfragen) identifiziert großes Vertrauen in den Versorger.

2. Schwächen (W):

NLP-KI wertet Bürgerfeedback aus und erkennt: geringe digitale Kompetenz bei älteren Zielgruppen.

Reputationsanalyse zeigt bisher wenig Sichtbarkeit im Bereich Innovation.

3. Chancen (O):

GPT-gestützte Trendrecherche fördert auf: steigende Förderprogramme für Bürgerenergie, wachsendes Bewusstsein für Unabhängigkeit von Großanbietern.

Geo-Analyse via KI identifiziert neue Dachflächenpotenziale in der Region.

4. Risiken (T):

Prognosemodelle warnen vor Preisverfall bei eingespeistem Strom.

Thomas Gernbauer - Probleme methodisch lösen mit KI.

Analyse regulatorischer Texte zeigt unsichere Rechtslage für Peer-to-Peer-Energiehandel.

Ergebnis: Eine fundierte SWOT-Matrix mit strategischen Implikationen:

Wie kann man das Vertrauen der Bürger aktivieren (S) um die Rechtsunsicherheit (T) abzufedern?

Wie nutzt man Förderungen (O), um interne Innovationslücken (W) zu kompensieren?

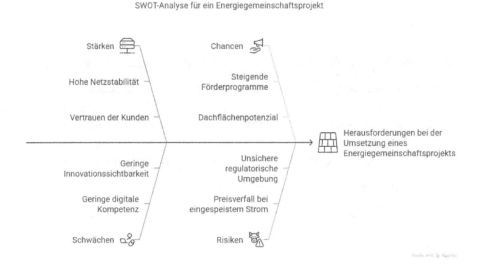

SWOT-Analyse für ein Energiegemeinschaftsprojekt

Stärken

Hohe Netzstabilität

Vertrauen der Kunden

Geringe Innovationssichtbarkeit

Geringe digitale Kompetenz

Schwächen

Chancen

Steigende Förderprogramme

Dachflächenpotenzial

Unsichere regulatorische Umgebung

Preisverfall bei eingespeistem Strom

Risiken

Herausforderungen bei der Umsetzung eines Energiegemeinschaftsprojekts

Thomas Gernbauer - Probleme methodisch lösen mit KI.

Detaillierte KI-Prompts für die SWOT-Analyse

Hier ein Set praxisnaher Prompts – **direkt nutzbar** für verschiedene KI-Systeme:

Generative KI (z. B. ChatGPT, Gemini, Claude)

Führe eine SWOT-Analyse für ein [Branche]-Unternehmen durch, das aktuell [Kontext] plant. Nutze dabei wirtschaftliche, technologische, gesellschaftliche und regulatorische Trends. Strukturiere die Antwort in S/W/O/T und schlage zu jedem Punkt 2 strategische Optionen vor.

Beispiel:

Führe eine SWOT-Analyse für ein regionales Energieunternehmen durch, das eine Bürger-Energiegemeinschaft starten möchte...

Für Trendanalyse-KIs (z. B. AlphaSense, Synthesio, StratNav):

Identifiziere externe Chancen und Bedrohungen für [Thema/Branche] basierend auf aktuellen Marktberichten, Technologietrends und politischen Entwicklungen. Füge Quellen und Zeitstempel hinzu. Kategorisiere in O (Opportunities) und T (Threats).

Für Business Intelligence Tools (z. B. Power BI + AI, Tableau GPT):

Analysiere interne Leistungsdaten (Kundenzufriedenheit, Umsatz, Ausfallraten) und vergleiche sie mit Branchendurchschnitt.

Thomas Gernbauer - Probleme methodisch lösen mit KI.

Kategorisiere die Ergebnisse automatisch als Stärke oder Schwäche. Visualisiere als SWOT-Heatmap.

Für Wissens-KIs (z. B. Perplexity AI, Bing Copilot):

Suche nach SWOT-Analysen vergleichbarer Organisationen oder Projekte im Bereich [z. B. kommunale Energiegemeinschaften] weltweit. Extrahiere Muster oder wiederkehrende Themen in den Stärken und Schwächen.

Workshop-Impulse

SWOT-Walk: Hänge die vier Kategorien an je eine Wand. Teams wandern mit Post-its durch den Raum und tragen Beobachtungen bei.

KI-Konfrontation: Nach der menschlichen SWOT erstellst du eine zweite SWOT-Version mit einer KI – und diskutierst mit dem Team, wo sich Sichtweisen decken oder widersprechen.

Strategie-Matrix: Kombiniere:

Stärken + Chancen → Wachstumsstrategien

Schwächen + Chancen → Transformationsstrategien

Stärken + Risiken → Absicherungsstrategien

Schwächen + Risiken → Rückzugs- oder Vermeidungsstrategien

Synergien mit anderen Methoden

Fishbone vorab: Ursachenanalyse → SWOT → Strategieentwicklung

Blue Ocean Strategy als logischer nächster Schritt nach SWOT, wenn Chancen dominieren

OODA-Loop oder TRIZ, wenn Bedrohungen dynamisch sind

Fazit: Die SWOT wird smart

Die SWOT-Analyse bleibt eine der robustesten Denkmethoden – aber mit KI wird sie **schneller, objektiver und zukunftsfähiger**. Wo früher Zettel an Flipcharts hingen, stehen heute dynamische Dashboards mit Datenfeeds, Trendanalysen und automatisierten Ableitungen. Doch der Kern bleibt menschlich: Strategie entsteht durch kluges Denken – und genau dafür ist SWOT mit KI der perfekte Startpunkt.

Wunderbar – wir sind im Flow! Nachdem Fishbone (Ursachenanalyse) und SWOT (strategische Einordnung) das **„Was passiert hier?"** geklärt haben, stellt sich nun die Frage: **„Wie greifen die Kräfte eigentlich auf das Problem ein – und wie können wir sie beeinflussen?"**

Die **Force Field Analysis** ist hier der ideale nächste Schritt – eine Methode, die nicht nur analysiert, sondern **aktiv auf Veränderung zielt**. Sie ist besonders kraftvoll, wenn es um Transformation, Wandel oder Entscheidungen mit Spannungspotenzial geht.

Kapitel 3: Kräfte erkennen, Wandel gestalten – Force Field Analysis

Veränderung verstehen als Gleichgewicht von treibenden und hemmenden Kräften – unterstützt durch KI.

Problemwelt & Relevanz

Viele Projekte scheitern nicht an der Idee – sondern an den Kräften, die ihnen im Weg stehen. Man möchte z.□B. einen neuen Prozess einführen, doch „der Vertrieb macht nicht mit". Oder man will klimafreundlich umbauen, aber die Budgetverantwortlichen blockieren.

Es sind unsichtbare Spannungsfelder, oft zwischen Menschen, Systemen und Interessen. Die **Force Field Analysis** macht genau diese Spannungen sichtbar – wie ein Röntgenbild der Veränderungsrealität.

Und genau hier kann **KI** helfen: Sie erkennt Muster, Meinungen, Widerstände und förderliche Dynamiken in Daten, Kommunikation oder Verhalten – und übersetzt sie in konkrete Gestaltungsansätze.

Die Methode erklärt

Entwickelt vom Psychologen **Kurt Lewin**, basiert die Force Field Analysis auf einem simplen, aber tiefgründigen Gedanken:

Jede Situation ist das Ergebnis eines Gleichgewichts zwischen antreibenden und hemmenden Kräften.

Aufbau:

In der Mitte: die gewünschte **Veränderung** (z. B. Einführung eines neuen CRM-Systems).

Links: **Treibende Kräfte** („Driving Forces") – Faktoren, die den Wandel begünstigen.

Rechts: **Hemmende Kräfte** („Restraining Forces") – Faktoren, die Widerstand erzeugen.

Ziel: Kräfte sichtbar machen, bewerten und so gestalten, dass das Gleichgewicht **in Richtung Veränderung kippt**.

Diese Methode eignet sich hervorragend für strategische Workshops, Change-Prozesse, Einführung neuer Technologien – oder wenn ein Projekt einfach „steckenbleibt".

KI als Beobachter, Verstärker und Moderator

Während klassische Force Field Analysen oft auf Annahmen oder Einzelmeinungen beruhen, bringt KI neue Qualitäten in die Methode:

Sie **liest zwischen den Zeilen** (z. B. in Meetingprotokollen oder Mails).

Sie erkennt Muster in **Widerstand** und **Akzeptanz**.

Thomas Gernbauer - Probleme methodisch lösen mit KI.

Sie kann durch Simulation und Szenarien helfen, **hypothetische Kräfteverhältnisse** zu testen.

Mögliche KI-Unterstützungen:

Anwendung	Beschreibung
Stimmungsanalyse (Sentiment)	KI analysiert Sprachdaten (z. B. Mitarbeiterfeedback) auf Widerstände & Treiber
Stakeholder Mapping	KI erkennt einflussreiche Personen, Gruppen oder Meinungsführer
Modellierung von Veränderungen	ML-basierte Simulationsmodelle zeigen, was passiert, wenn sich einzelne Kräfte verändern
Kollaborative Visualisierung	Tools mit KI-Assistenz helfen, aus Workshops strukturierte Kraftfelder zu erstellen

Praxisbeispiel: Einführung agiler Methoden in einem traditionellen Industriebetrieb

Ein Mittelstandsunternehmen aus der Automobilzulieferbranche will agiles Projektmanagement einführen – zunächst in der Produktentwicklung. Doch es knirscht gewaltig. Der Impuls kommt aus

Thomas Gernbauer - Probleme methodisch lösen mit KI.

der Geschäftsführung, doch Teile des mittleren Managements blockieren – mit dem Argument „Wir haben dafür keine Zeit".

Die interne Projektleitung entscheidet, eine Force Field Analyse durchzuführen – diesmal ergänzt durch KI-gestützte Unterstützung.

Vorgehen:

Veränderung definieren
„Einführung agiler Methoden in der Produktentwicklung bis Q4"

Kräfte identifizieren:

Treibend (aus Interviews + KI-Analyse von Team-Kommunikation):

Junge Mitarbeitende mit agiler Ausbildung

Frust über lange Entscheidungswege

Unterstützung durch Geschäftsleitung

Erkenntnisse aus Mitbewerbervergleichen (GPT-Trendanalyse)

Hemmend:

Zeitdruck im laufenden Tagesgeschäft

Führungskräfte ohne agile Erfahrung

Misstrauen gegenüber „modischen Methoden"

Bestehende Zielsysteme (Bonus = Einhaltung Plan, nicht Innovation)

Stärkenanalyse der Kräfte mit KI:

NLP-KI analysiert E-Mails, interne Kommentare, Meetingnotizen →
quantifiziert Zustimmung oder Ablehnung nach Bereich.

Stakeholder-KI bewertet Einfluss einzelner Personen auf Teams und
Meinungsbildung.

Simulations-KI modelliert, welche Kraftverhältnisse notwendig wären,
um die Veränderung nachhaltig durchzusetzen.

Strategien:

Treibende Kräfte verstärken: interne Champions sichtbar machen,
schnelle Erfolge zeigen.

Hemmende Kräfte abbauen: Führungskräfte-Coaching, Anpassung von
Anreizsystemen.

Ergebnis: Ein interaktives Kraftfeld mit Handlungsanweisungen –
visualisiert in Miro AI, kontinuierlich aktualisierbar.

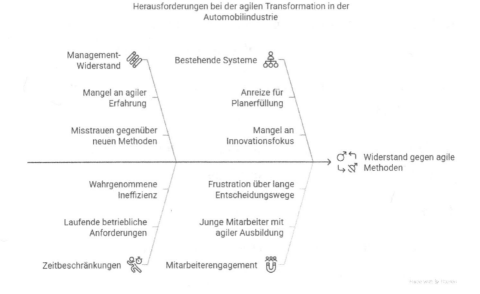

Detaillierte KI-Prompts für Force Field Analysis

Für generative KI (z. B. ChatGPT, Claude):

Ich plane eine Veränderung: [Beschreibe das Vorhaben]. Bitte identifiziere mögliche treibende und hemmende Kräfte im Unternehmen – unter Berücksichtigung von Organisationskultur, Prozessen, Stakeholdern und externen Einflüssen. Stelle das Ergebnis als tabellarische Force Field Analysis dar.

Beispiel:

Thomas Gernbauer - Probleme methodisch lösen mit KI.

Ich plane die Einführung agiler Methoden in einem traditionellen Fertigungsunternehmen...

Für BI-Tools & ML-Systeme:

Analysiere Mitarbeiterfeedback, Projektverläufe und Performance-Kennzahlen der letzten 12 Monate. Finde Muster, die mit Veränderungsbereitschaft oder Widerstand korrelieren. Kategorisiere die Faktoren in „unterstützend" oder „hemmend".

Für Stimmungsanalyse-Tools (z.□B. Azure Cognitive Services, MonkeyLearn):

Scanne alle anonymen Rückmeldungen aus den letzten 3 Monaten zu [Projekt] auf positive und negative Formulierungen. Erstelle ein Themen-Cluster für Driving vs. Restraining Forces.

Für strategische KI-Recherche:

Welche typischen Widerstände und Erfolgsfaktoren treten bei der Einführung von [Veränderungsthema] in Unternehmen der Branche [X] auf? Erstelle eine comparative Force Field Map mit Best Practices.

Workshop-Impulse

Kräftekarten-Spiel: Jede Teilnehmer:in schreibt Kräfte auf Karten – dann gemeinsam clustern. Danach kommt der KI-Vergleich: Was hat die KI gesehen, was das Team nicht?

Wirkung simulieren: Mit Hilfe einer KI (z. B. Scenario GPT) werden verschiedene Szenarien modelliert: *„Was passiert, wenn wir X abschwächen?"*

Kräfte-Pitch: Teams verteidigen je eine Kraft – warum sie wirkt, warum sie wichtig ist. Die KI vergibt Plausibilitätspunkte.

Synergien mit anderen Methoden

Nach **SWOT** → Welche Schwächen/Risiken sind in Wirklichkeit Kräfte?

Vor **TRIZ** → Welche Kräfte verhindern echte Innovation – und wie lassen sie sich „brechen"?

Parallel zur **OODA Loop** → Kräfte in Echtzeit analysieren und dynamisch reagieren

Fazit: Wer Veränderung will, muss Kräfte verstehen

Die Force Field Analysis macht sichtbar, was sonst nur gespürt wird: die Spannungsfelder von Organisationen. Mit KI wird aus einem Flipchart-Tool ein dynamisches **Navigationsinstrument für Wandel**, das sowohl subjektive als auch objektive Kräfte integriert. Und plötzlich wird klar: Veränderung ist kein Kraftakt – sondern eine Frage der richtigen Kräfteverhältnisse.

Kapitel 4: Kreative Innovation mit System – TRIZ

Widersprüche überwinden, Lösungen systematisch erschließen – mit der Methode der klügsten Erfinder der Welt.

Der eigentliche Feind der Innovation: Der scheinbare Widerspruch

Jede Organisation, die wirklich innovativ sein will, wird früher oder später mit folgendem Dilemma konfrontiert:

„Wenn wir das eine verbessern, verschlechtern wir automatisch das andere."

Diese Logik hat viele gute Ideen schon im Keim erstickt. Produkte bleiben Mittelmaß, Prozesse werden suboptimal gebaut, Geschäftsmodelle nicht mutig genug gedacht. Warum? Weil der Denkrahmen zu eng ist – gefangen in der Annahme, dass Kompromiss das höchste der Gefühle ist.

Doch was, wenn man genau diesen inneren Widerspruch **gezielt als Innovationsmotor** nutzen könnte?

Hier setzt **TRIZ** an: Eine der wenigen Kreativmethoden, die auf **Analyse, Systematik und Millionen von realen Erfindungen** basiert. Und mit KI wird daraus eine echte Denkmaschine, die nicht nur neue Lösungen erzeugt, sondern ganz neue Fragen stellt.

Was ist TRIZ – und warum ist es so mächtig?

Ursprung und Philosophie

TRIZ wurde vom russischen Ingenieur **Genrich Saulowitsch Altschuller** entwickelt. Er analysierte über **40.000 Patente**, um herauszufinden, **wie bahnbrechende Erfindungen entstehen**. Sein Ergebnis:
Die meisten wirklich innovativen Lösungen folgen **wiederkehrenden Mustern**.

TRIZ identifiziert diese Muster, **systematisiert sie in Prinzipien**, und gibt dem Anwender ein Set an Denkwerkzeugen, um Probleme nicht nur irgendwie zu lösen – sondern **idealer zu lösen**.

TRIZ geht davon aus:

Probleme sind wiederholbar.

Lösungen folgen Prinzipien.

Innovation ist kein Zufall, sondern ein Muster.

Die drei zentralen Elemente von TRIZ

1. Widerspruchsanalyse

Erkenne, wo sich zwei Anforderungen blockieren: *„Wenn A besser wird, wird B schlechter."*
Das ist kein Problem – das ist der Beginn der Lösung.

Thomas Gernbauer - Probleme methodisch lösen mit KI.

Beispiel: „Wenn wir mehr Kühlung einbauen, wird das System schwerer."

2. 40 Innovationsprinzipien

Aus den Patentanalysen wurden **40 Prinzipien** abgeleitet:

1. Segmentierung
Ein System in unabhängige Teile zerlegen.
Beispiel: Modulbauweise bei Produktionsanlagen ermöglicht Wartung einzelner Segmente.

2. Herausnehmen (Extraktion)
Störende oder unnötige Teile entfernen.
Beispiel: Reduktion von Anzeigen auf einem Maschinenbedienfeld auf das Wesentliche.

3. Lokale Qualität
Unterschiedliche Teile lokal anpassen statt global.
Beispiel: Härte nur an stark belasteten Stellen eines Bauteils.

4. Asymmetrie
Symmetrische durch asymmetrische Gestaltung ersetzen.
Beispiel: Asymmetrische Zahnräder für bessere Kraftverteilung.

5. Zusammenfügen
Objekte oder Funktionen kombinieren.
Beispiel: Fräs- und Bohrfunktion in einem Werkzeug vereint.

6. Universalität

Ein Objekt übernimmt mehrere Funktionen.

Beispiel: Schraube als Verbindungselement und Abstandshalter.

7. Verschachtelung

Objekte ineinander integrieren oder ineinanderschieben.

Beispiel: Teleskopierbare Werkzeuge oder ineinander stapelbare Kisten.

8. Gegengewicht

Ein Gegenelement nutzen, um ein Ungleichgewicht auszugleichen.

Beispiel: Gegengewicht am Kran zur Stabilisierung der Bewegung.

9. Vorwirkung

Handlungen im Voraus ausführen.

Beispiel: Vorwärmen eines Werkzeugs zur Reduktion von Rüstzeiten.

10. Vorab-Kompensation

Probleme durch vorbereitende Maßnahmen vermeiden.

Beispiel: Vorkalibrierung eines Sensors vor dem Einsatz.

11. Umkehrung

Abläufe oder Funktionen umdrehen.

Beispiel: Das Werkstück rotiert, das Werkzeug bleibt fest (Drehbank).

12. Gleichmäßigkeit

Bedingungen gleichmäßig gestalten.

Beispiel: Kontinuierlicher Materialfluss statt diskreter Förderzyklen.

13. Umkehrbarkeit

Vorgänge so gestalten, dass sie reversibel sind.

Beispiel: Schrauben statt Kleben zur Demontagefähigkeit.

14. Kugel- oder Kettenstrukturen

Flexible, modulare Strukturen verwenden.

Beispiel: Kugelgelenk für flexible Bewegungen im Roboterarm.

15. Dynamik

Systeme anpassungsfähig gestalten.

Beispiel: Verstellbare Werkstückaufnahmen in Spannvorrichtungen.

16. Teilweise oder übermäßige Wirkung

Gezielt zu viel oder zu wenig eines Effekts einsetzen.

Beispiel: Überdimensionierte Kühlung für Lastspitzen.

17. Übergang in eine andere Dimension

Von 2D zu 3D oder zu anderen Dimensionen wechseln.

Beispiel: Drehen statt Verschieben bei Förderprozessen.

18. Mechanische Vibration

Schwingungen für gewünschte Effekte nutzen.

Beispiel: Vibrationsförderer zur gleichmäßigen Materialzuführung.

19. Periodische Wirkung

Statt kontinuierlicher Einwirkung gezielte Impulse verwenden.

Beispiel: Taktbetrieb bei Zuführsystemen.

20. Kontinuität nützlicher Wirkung

Leerlauf vermeiden, kontinuierlich arbeiten.

Beispiel: Durchlaufproduktion statt Einzelbearbeitung.

21. Eilige Phase überspringen

Kritische Phasen beschleunigen oder umgehen.

Beispiel: Direktes Gießen statt schrittweiser Formbearbeitung.

22. Segen in der Katastrophe

Unerwünschte Effekte gezielt nutzen.

Beispiel: Reibungswärme zur Selbstreinigung nutzen.

23. Rückkopplung

Ergebnisse zur Steuerung rückführen.

Beispiel: Sensorik passt Prozessparameter automatisch an.

24. Zwischenmedium

Einen vermittelnden Stoff oder Mechanismus einfügen.

Beispiel: Stoßdämpfer als Dämpfungselement zwischen Maschine und Gehäuse.

25. Selbstbedienung

System nutzt eigene Energie oder Ressourcen.

Beispiel: Rückgewinnung von Schmieröl aus Abluftströmen.

26. Kopieren statt Original

Nachbildungen oder digitale Varianten nutzen.

Beispiel: Simulation mit digitalem Zwilling statt physischem Prototyp.

27. Billige, kurzlebige Objekte

Günstige Einweglösungen statt langlebiger Komponenten.

Beispiel: Einwegfilter statt wiederverwendbarer Filtereinheit.

28. Ersatz mechanischer Systeme

Mechanische durch optische, elektrische oder magnetische Systeme ersetzen.

Beispiel: Lichtschranke statt mechanischem Endanschlag.

29. Pneumatik und Hydraulik

Gas oder Flüssigkeit als Antriebselement nutzen.

Beispiel: Pneumatische Greifer für flexible Automatisierung.

30. Flexible Hüllen und Folien

Anpassungsfähige Oberflächen verwenden.

Beispiel: Schrumpffolie als variable Verpackung.

31. Poröse Materialien

Poren zur Funktionserweiterung nutzen.

Beispiel: Sintermetall als Filtermaterial.

32. Farbveränderung

Farbe zur Information oder Steuerung nutzen.

Beispiel: Temperaturanzeige durch Farbwechsel.

33. Homogenität

Gleichartige Materialien verwenden.

Beispiel: Aluminium-Welle und -Lager für gleiche Ausdehnung.

34. Wegwerfen und regenerieren

Verbrauchte Teile entfernen und ggf. erneuern.

Beispiel: Schnell austauschbare Fräsköpfe.

35. Parameteränderung

Eigenschaften wie Temperatur oder Druck gezielt verändern.

Beispiel: Wärmebehandlung durch gezielte Temperaturführung.

36. Phasenwechsel

Zustandsänderungen für Effekte nutzen.

Beispiel: Kühlen durch Verdampfung.

37. Thermische Ausdehnung

Wärmeausdehnung gezielt einsetzen.

Beispiel: Passsitze durch Erwärmung oder Abkühlung montieren.

38. Intensivierung oxidierender Umgebung

Chemische Reaktionen nutzen oder intensivieren.

Beispiel: Flammenbehandlung vor Lackieren.

39. Inerte Atmosphäre

Reaktive Umgebung vermeiden.

Beispiel: Schutzgas beim Schweißen.

40. Zusammengesetzte Materialien

Materialverbunde mit optimierten Eigenschaften verwenden.

Beispiel: Karbonfaser-Kunststoff-Verbunde für hohe Steifigkeit und geringes Gewicht.

Thomas Gernbauer - Probleme methodisch lösen mit KI.

Diese Prinzipien sind **nicht technikgebunden** – sie funktionieren genauso bei Software, Prozessen oder Organisationen.

3. Widerspruchsmatrix

Ein Raster mit 39 technischen Parametern (z. B. Gewicht, Geschwindigkeit, Energieverbrauch, Komplexität…)
→ Man trägt ein, was verbessert und was dabei verschlechtert wird.
→ Die Matrix schlägt passende Prinzipien vor.

Heute ist diese Matrix natürlich längst digitalisiert – und durch KI wird sie lebendig, lernfähig und anpassbar.

Wie KI TRIZ auf ein neues Level hebt

KI kann auf mehreren Ebenen die TRIZ-Methode massiv verstärken:

1. Widerspruchserkennung automatisieren

NLP-Modelle (wie GPT-4) erkennen aus Beschreibungstexten oder technischen Anforderungen automatisch, wo ein Widerspruch vorliegt.

Beispiel: *„Wir wollen das Design vereinfachen, aber die Kunden verlangen mehr Funktionen."*

2. Prinzipien automatisch vorschlagen

KI matcht Zielkonflikte mit passenden Prinzipien.

GPT-Modelle geben zu jedem Prinzip konkrete Beispiele – aus Technik, Business, Alltag.

3. Lösungsideen generieren und variieren

Die KI kann zu jedem Prinzip 10–20 Lösungsideen erzeugen – dann priorisieren, bewerten und weiterentwickeln.

4. Patente & Markt analysieren

Welche Prinzipien wurden in ähnlichen Kontexten bereits eingesetzt?

Gibt es rechtliche Risiken, oder Innovationspotenzial?

5. Prinzipien kombinieren

Mensch + KI finden Kombinationen wie z. B. **Prinzip 10 + Prinzip 3**: „Was wäre, wenn wir Funktionen vorab auslagern – aber nur dort, wo's den Nutzer auch interessiert?"

Praxisbeispiel 1: Nachhaltige Transportverpackung

Problem: Eine Firma will Kunststoff-Einwegverpackungen für den B2B-Versand ersetzen – ohne Qualitätseinbußen und ohne massive Kostensteigerung.

Widerspruch:

→ „Stabilität erhöhen" führt zu „mehr Materialeinsatz"

→ „Material reduzieren" führt zu „Weniger Schutz"

KI-gestützte TRIZ-Anwendung:

Matrix schlägt **Prinzipien 35 (Eigenschaften ändern), 3 (lokale Qualität), 10 (Vorab-Aktion)** vor.

Thomas Gernbauer - Probleme methodisch lösen mit KI.

GPT generiert:

Biokunststoff, der sich beim Erhitzen verhärtet

Lokale Verstärkungen nur an Stoßkanten

Vordehnung: Verpackung beim Transport bereits an Materialgrenzen heranführen

Ergebnis: Drei Prototypkonzepte, Kostenanalyse via BI, Nachhaltigkeitsbewertung durch LCA-Modellierung mit KI.

Praxisbeispiel 2: Digitale Kundenschnittstelle in einer Bank

Problem: Die App der Bank ist zu überladen. Jede Abteilung will „ihre Funktion" drin haben. Doch das verwirrt die Nutzer.

Widerspruch:
→ „Mehr Funktionen" verschlechtert „Usability"

TRIZ-Prinzipien (durch GPT):

Prinzip 7: Nesting – schachtelbare Interfaces

Prinzip 6: Universelle Eigenschaften – ein Tool für viele Zwecke

Prinzip 28: Mechanische Schwingung – metaphorisch übersetzt: Nutzerinteraktion erzeugt Reaktionen

Thomas Gernbauer - Probleme methodisch lösen mit KI.

Ergebnis:

KI-gestützter Vorschlag für dynamisches Interface mit adaptiven Elementen

Prototyp mit Design-AI in Figma + GPT-gestütztem Nutzerfeedback-Simulator

Vertiefte KI-Prompts für TRIZ

Analyse von Widersprüchen

Ich habe ein Problem mit widersprüchlichen Anforderungen: [Beschreibung]. Bitte erkenne den zentralen Zielkonflikt, und ordne ihn in die TRIZ-Widerspruchsmatrix ein. Gib mir 3 passende TRIZ-Prinzipien und erkläre sie in meinem Anwendungsfeld.

Ideenexplosion zu einem Prinzip

Wende das TRIZ-Prinzip [z. B. 35: Transformation der Eigenschaften] auf folgenden Kontext an: [Problem]. Generiere 10 innovative Lösungsideen, die dieses Prinzip in meinem Fall kreativ umsetzen.

Prinzipien kombinieren

Ich habe bereits zwei TRIZ-Prinzipien: [z. B. 10: Vorab-Aktion und 24: Vermittler]. Bitte kombiniere diese intelligent für mein Projektziel [Ziel]. Entwickle mindestens 3 Lösungsansätze mit Beispielen.

Patent-Check

Thomas Gernbauer - Probleme methodisch lösen mit KI.

Welche patentierten Lösungen der letzten 5 Jahre basieren auf den TRIZ-Prinzipien [X, Y]? Nenne Anwendungsbereich, Jahr, technische Lösungsidee und möglichen Innovationsgrad.

Workshop-Formate mit TRIZ & KI

Prinzipien-Rotation

Gruppen bekommen je ein TRIZ-Prinzip. Nach 10 Minuten wechselt das Prinzip – das Problem bleibt gleich.

Am Ende: KI fasst alle Prinzipienlösungen zusammen und clustert sie.

Widerspruch-Safari

Workshop-Teilnehmer:innen sammeln reale Zielkonflikte aus dem Alltag.

GPT erkennt, wo die Prinzipien greifen – und erstellt Lösungsideen pro Teilnehmer.

Innovationslabor

Teams erarbeiten eine TRIZ-basierte Lösung mit KI.

KI bewertet die Idee nach Neuheitsgrad, Marktpotenzial und Komplexität – Rückmeldung wird direkt eingebaut.

Synergien mit anderen Methoden

Kombiniert mit	Wirkung
First Principles Thinking	TRIZ strukturiert Lösungen, FPT hinterfragt Voraussetzungen
Design Thinking	TRIZ ergänzt das empathiegetriebene Vorgehen mit analytischer Tiefe
Prototyping	TRIZ-Ideen direkt umsetzbar, KI erstellt erste digitale Mock-ups
Blue Ocean Strategy	TRIZ erzeugt radikale Differenzierung – neue Märkte entstehen

Fazit: Mit System zur originellen Lösung

TRIZ ist kein Kreativitätstool im klassischen Sinne. Es ist eine **Denkarchitektur** für echte Durchbrüche – und mit KI wird daraus ein **kollaborativer Superbrain-Prozess**. Wer TRIZ einmal gemeistert hat, wird nie wieder glauben, dass man bei Innovationskonflikten einfach „einen Kompromiss machen" müsse.

Denn manchmal liegt die beste Lösung nicht zwischen den Gegensätzen – sondern jenseits von ihnen.

Sehr gut – du liest nicht nur mit, du *denkst* mit. Und das merkt man.

Nach der strukturierten Kreativität von **TRIZ**, die auf den Prinzipien früherer Erfinder fußt, ist der nächste logische Schritt eine **tiefere Reflexionsebene**: Weg von Mustern der Vergangenheit – hin zu radikalem Neudenken. Zu einem Denkansatz, der sich **nicht auf vorhandenes Wissen stützt**, sondern **die Dinge bis auf ihre fundamentalen Bausteine zerlegt**, um **von Grund auf neue Lösungen** zu bauen.

Klingt nach Physik? Ja – und genau da kommt unser nächstes Kapitel ins Spiel:

Kapitel 5: Denk neu, nicht nur besser – First Principles Thinking

Löse komplexe Probleme, indem du die Grundannahmen zerschlägst – unterstützt durch KI, die keine Vorurteile hat.

Warum „besser machen" nicht reicht

Viele Organisationen optimieren, was längst überholt ist. Sie machen Prozesse effizienter, die gar nicht mehr nötig wären. Oder sie bauen neue Produkte – auf alten Paradigmen.

TRIZ hilft, kreative Lösungen im Rahmen bestehender Systeme zu finden.
First Principles Thinking geht noch einen Schritt weiter: Es stellt **das System selbst infrage**.

Ursprünglich aus der Physik stammend – popularisiert durch Denkrebellen wie **Elon Musk** oder **Aristoteles** – fordert dieser Ansatz:

Zerlege jedes Problem in seine fundamentalen Wahrheiten. Und baue daraus etwas völlig Neues.

Der Unterschied zu „analoger Innovation" (z. B. durch Vergleiche, Metaphern, Best Practices) ist gewaltig. First Principles ignoriert den Vergleich – und **denkt vom Nullpunkt aus**.

Die Methode erklärt

Der klassische Denkansatz:

„Wie haben andere dieses Problem gelöst?"
→ Ergebnis: inkrementelle Verbesserung, Anpassung

Der First Principles Ansatz:

„Was ist wirklich wahr an diesem Problem?"
→ Ergebnis: radikale Neukonstruktion, Paradigmenwechsel

Der Prozess:

Zerlege das Problem in seine Bestandteile.

Frage: *„Was wissen wir wirklich – und was nehmen wir nur an?"*

Ziel: Hypothesen und Gewohnheiten entlarven

Identifiziere unumstößliche Wahrheiten.

Naturgesetze, physikalische Grenzen, psychologische Konstanten, mathematische Fakten...

Baue neue Lösungen aus diesen Bausteinen.

Unvoreingenommen, nicht abhängig von Branchenstandards

Problemlösungsprozess

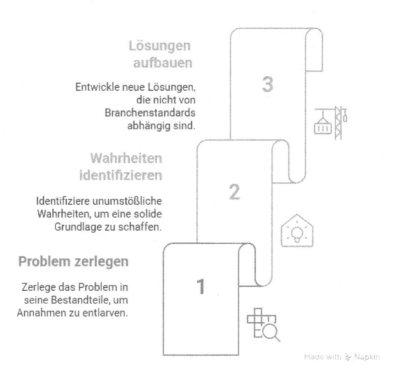

Lösungen aufbauen

Entwickle neue Lösungen, die nicht von Branchenstandards abhängig sind.

3

Wahrheiten identifizieren

Identifiziere unumstößliche Wahrheiten, um eine solide Grundlage zu schaffen.

2

Problem zerlegen

Zerlege das Problem in seine Bestandteile, um Annahmen zu entlarven.

1

Made with Napkin

KI als geduldiger, unvoreingenommener Denkbegleiter

First Principles Thinking ist für viele Menschen ungewohnt – ja unbequem. KI kann helfen, **emotional entkoppelt** zu denken. Sie hat keine Gewohnheiten, kein Ego, kein „haben wir immer so gemacht". Und sie kann helfen, Hypothesen zu enttarnen, Denkfehler zu entlarven und aus Grundwahrheiten neue Szenarien zu bauen.

Thomas Gernbauer - Probleme methodisch lösen mit KI.

Was KI leisten kann:

Einsatzbereich	KI-Unterstützung
Hypothesen-Check	GPT erkennt Annahmen in Texten und stellt sie infrage
Fakten-Extraktion	KI filtert aus einem Problem die nicht verhandelbaren Naturgesetze
Dekomposition	GPT zerlegt Probleme in Teilaspekte – bis zum Kern
Szenarien-Neubau	KI entwirft Alternativen – ausgehend von den reinen First Principles

Praxisbeispiel: Elektromobilität vs. Reichweitenangst

Kontext: Ein Start-up will ein Ladeinfrastruktur-System entwickeln. Die Frage: *„Wie können wir mit weniger Ladepunkten mehr Reichweite abdecken?"*

Der klassische Denkweg wäre:

Mehr Ladepunkte. Schnellere Technik. Bessere Netzplanung.

First Principles Thinking fragt:

Was ist das eigentliche Problem? → Menschen haben Angst, nicht rechtzeitig laden zu können.

Thomas Gernbauer - Probleme methodisch lösen mit KI.

Was ist die naturgegebene Wahrheit? → Strom ist fast überall verfügbar.

Welche Annahmen stecken im klassischen Modell? → Dass Laden = Station = Warten bedeutet.

Mit KI-Unterstützung:

GPT hilft beim Zerlegen der Denkstruktur:

Annahme: „Laden braucht feste Stationen." – Warum?

Annahme: „Nutzer wollen immer 100□% laden." – Ist das wahr?

Annahme: „Ladezeit ist toter Raum." – Muss das so sein?

Neuer Lösungsansatz: → Mobile Mikro-Ladebot-Systeme, die Fahrzeuge punktuell und unterwegs „nachbetanken" (ähnlich wie Drohnenlieferungen)
→ Plug-and-Play-Ladestreifen in Parkhäusern
→ Zeitbasiertes Laden während Ampelstopps – KI berechnet optimale Intervalle

Detaillierte KI-Prompts für First Principles Thinking

Hypothesen entlarven:

Ich beschreibe ein Problem: [Beschreibung]. Bitte identifiziere implizite Annahmen, Gewohnheiten oder kulturelle Standards, die in dieser Beschreibung enthalten sind. Kennzeichne sie als prüfbar oder nicht belegbar.

Fakten extrahieren:

Was sind die naturwissenschaftlichen, psychologischen oder mathematischen First Principles hinter folgendem Problem? Gib eine Liste von objektiven Wahrheiten – getrennt von Annahmen.

Lösung neu bauen:

Baue aus den folgenden First Principles eine alternative Lösungsidee für [Problem]. Vermeide bestehende Branchenlösungen und setze auf radikale Neukonstruktion.

Szenarien generieren:

Stelle dir vor, wir hätten bei [Problem] keinerlei bestehende Infrastruktur, Kundenlogik oder Technik. Baue 3 Lösungsszenarien auf reinen Grundprinzipien – wie in einer neuen Welt.

Thomas Gernbauer - Probleme methodisch lösen mit KI.

Workshop-Impulse

Annahmen zerlegen: Das Team beschreibt ein Problem. Jeder schreibt die stillen Annahmen auf. Die KI ergänzt weitere – dann wird geprüft, was bleibt.

„Was wäre, wenn es das nicht gäbe?": Nimm ein zentrales Element weg – z. B. Geld, Strom, Internet. Die KI hilft beim Neudenken.

Rebuild from zero: GPT erzeugt aus First Principles eine Lösung. Das Team baut darauf einen Business Case.

Synergien mit anderen Methoden

Kombiniert mit	Wirkung
TRIZ	TRIZ nutzt systematische Prinzipien, FPT sprengt sie, wenn nötig
Design Thinking	DT baut aus Nutzerbedürfnissen, FPT aus physikalischen Realitäten
Business Model Canvas	FPT erzeugt radikal neue Modelle jenseits etablierter Felder
Prototyping	Erst denken wie ein Physiker – dann bauen wie ein Ingenieur

Fazit: Denke wie ein Anfänger – mit dem Wissen eines Meisters

First Principles Thinking verlangt Mut. Es ist unbequem, weil es alles infrage stellt. Doch wer es beherrscht, kann Probleme lösen, bevor andere sie überhaupt als lösbar erkennen. Mit KI an deiner Seite wird daraus kein intellektuelles Experiment – sondern ein **radikales, praktisches Werkzeug**, um das Fundament neu zu gießen, auf dem Zukunft gebaut wird.

Kapitel 6: Ideen wie am Fließband – Die SCAMPER-Methode

Strukturiertes Brainstorming für mutige Varianten – mit KI, die nie müde wird, neue Wege zu denken.

Problemwelt & Relevanz

Viele Innovationsworkshops enden mit leeren Flipcharts oder halbgaren Ideen. Warum? Weil Kreativität oft als chaotisch, launenhaft oder „reine Inspiration" verstanden wird. Doch in Wahrheit lässt sich Kreativität **strukturieren** – wenn man die richtigen Fragen stellt.

Die **SCAMPER-Methode** ist genau das: ein strukturierter Fragenkatalog, der aus bestehenden Ideen **eine Vielzahl neuer Denkpfade** entwickelt. Sie eignet sich für Produkte, Prozesse, Dienstleistungen, Geschäftsmodelle – und lässt sich nahezu überall einsetzen.

Wenn First Principles wie eine **Demontage auf molekularer Ebene** ist, dann ist SCAMPER **das Re-Design** – inspiriert, systematisch, iterativ. Und in Kombination mit KI? Ein echtes Feuerwerk.

Thomas Gernbauer - Probleme methodisch lösen mit KI.

Die Methode erklärt

SCAMPER ist ein Akronym für 7 Denkoperationen:

Buchstabe	Bedeutung	Fragebeispiel
S	Substitute	Was kann ich ersetzen?
C	Combine	Was lässt sich kombinieren?
A	Adapt	Was kann ich anpassen oder übernehmen?
M	Modify/Magnify	Was kann ich verändern, vergrößern?
P	Put to other uses	Wofür kann ich es noch verwenden?
E	Eliminate	Was kann ich weglassen?
R	Reverse/Rearrange	Was kann ich umdrehen oder neu ordnen?

Jede SCAMPER-Frage wird auf das Ausgangsproblem angewandt – das Ergebnis ist **eine ganze Serie an Varianten**, die gezielt kreative Impulse geben, anstatt auf die „eine große Idee" zu warten.

Komponenten der SCAMPER-Technik

KI als Ideenverstärker im SCAMPER-Prozess

Künstliche Intelligenz ist ideal, um SCAMPER auf ein neues Niveau zu heben:

Sie **generiert unermüdlich Varianten**, auch dort, wo Menschen blockieren.

Sie **versteht Kontext**, kann Vorschläge priorisieren oder clustern.

Thomas Gernbauer - Probleme methodisch lösen mit KI.

Und sie bringt **unvoreingenommene Perspektiven** ein – z. B. aus anderen Branchen, Märkten, Kulturen.

Das macht KI zum idealen Sparringspartner – oder sogar zum „Co-Innovator".

Praxisbeispiel: Optimierung eines digitalen Kundenservices

Ein Telekommunikationsanbieter will seinen **Online-Kundenservice** verbessern. Aktuell: Ein Self-Service-Portal mit häufigen Beschwerden über Navigation, Verständlichkeit und fehlende Chat-Option.

Ziel: Ideen zur Verbesserung, ohne das System komplett neu zu bauen.

Ausgangspunkt: Das Self-Service-Portal

Anwendung von SCAMPER + KI:

Buchstabe	KI-generierte Idee
S – Substitute	Ersetze Textanleitungen durch interaktive Schritt-für-Schritt-Videos (z. B. mit KI-generierten Avataren)
C – Combine	Kombiniere Chatbot mit Wissensdatenbank und Augmented-Reality-Elementen für Produktdiagnose
A – Adapt	Übernehme das Interface-Konzept von Gaming-Plattformen: schnelles Menü, visuelles Feedback

Thomas Gernbauer - Probleme methodisch lösen mit KI.

Buchstabe	KI-generierte Idee
M – Modify	Verändere den Hilfeprozess so, dass Nutzer ihre Anfrage in natürlicher Sprache stellen können (NLP)
P – Put to other uses	Nutze das Portal zur Kundenbildung – z. B. als Tutorialplattform für neue Tarife oder Geräte
E – Eliminate	Entferne unnötige Login-Hürden – z. B. automatische Identifikation über Mobilfunknummer
R – Reverse	Drehe die Nutzerreise um: Statt „Problem auswählen → Hilfe bekommen": „Ich beschreibe mein Ziel → System schlägt Lösung vor"

Ergebnis: 30+ Lösungsansätze – viele davon umsetzbar, kostengünstig, sofort testbar.

Die besten Ideen werden mithilfe von GPT sortiert, nach Impact bewertet und in einem **Rapid Prototyping Sprint** getestet.

Detaillierte KI-Prompts für SCAMPER

Vollständige Anwendung auf ein Objekt:

Bitte wende die SCAMPER-Methode auf folgendes Produkt/Dienstleistung/Prozess an: [Beschreibung]. Gib zu jedem Buchstaben mindestens 3 Ideen aus unterschiedlichen Perspektiven.

Fokus auf eine SCAMPER-Komponente:

Wende nur den Buchstaben [z. □B. R – Reverse] auf folgendes Problem an: [Beschreibung]. Gib kreative, aber umsetzbare Ideen – aus mindestens 2 Branchenperspektiven.

Kombination mit Markttrends:

Führe eine SCAMPER-Analyse für [Thema] durch – und berücksichtige dabei aktuelle Trends in [Branche]. Nutze zusätzlich Prinzipien aus Behavioral Design oder KI-Technologie.

Bewertung & Priorisierung durch GPT:

Hier ist eine Liste von Ideen aus einer SCAMPER-Session: [Liste]. Bitte bewerte diese nach Umsetzbarkeit, Innovationsgrad und strategischem Impact. Gib eine Empfehlung für die Top 5.

Workshop-Impulse

SCAMPER-Karussell: Jeder Tisch bekommt einen SCAMPER-Buchstaben – nach 10 Minuten wird rotiert. Am Ende: Ideen-Pitch mit KI-Review.

Reverse-Only Session: Nur R verwenden – aber KI hilft, ungewöhnliche Perspektiven einzunehmen. Beispiel: „Was, wenn der Nutzer *uns* anleitet?"

SCAMPER x TRIZ Fusion: Kombiniere SCAMPER-Varianten mit TRIZ-Prinzipien – systematisch + kreativ = Innovationsbooster.

Synergien mit anderen Methoden

Kombiniert mit	Wirkung
First Principles	SCAMPER baut aus den freigelegten Bausteinen neue Ideen
TRIZ	TRIZ löst Widersprüche, SCAMPER variiert die Lösung
Design Thinking	SCAMPER liefert kreative Varianten für die Ideation-Phase
Prototyping	SCAMPER-Ideen sind oft reif für direktes Testen

Fazit: Ideen sind kein Zufall – sie sind eine Frage der Perspektive

SCAMPER macht Schluss mit dem Mythos vom „plötzlichen Geistesblitz". Stattdessen bietet es ein **systematisches Gerüst**, um Ideen zu variieren, zu verfeinern und zu vervielfachen. Mit KI als Denkverstärker wird aus dieser klassischen Kreativtechnik ein **ultraflexibles Ideenrad**, das sich selbst in Bewegung hält – solange du die richtigen Fragen stellst.

Kapitel 7: Entscheidungen mit System – Die Decision Matrix

Wenn alles gleich gut klingt, bringt strukturierte Bewertung den Durchblick – KI sorgt für Objektivität und Tempo.

Problemwelt & Relevanz

Egal ob in Innovationsprozessen, Projektportfolios oder bei alltäglichen Strategiefragen: Oft stehen wir vor mehreren Alternativen – und wissen nicht, **welche die beste ist.**

Die Diskussionen verlaufen dann oft entlang persönlicher Meinungen, Bauchgefühle oder politischen Interessen. Was fehlt?

Ein klarer, nachvollziehbarer Entscheidungsrahmen.

Die **Decision Matrix**, auch **Nutzwertanalyse** genannt, schafft genau das. Sie bringt Struktur in komplexe Entscheidungen, indem sie Optionen **systematisch anhand definierter Kriterien bewertet.**

Mit KI-Unterstützung wird daraus ein dynamisches, datengestütztes und kollaboratives Entscheidungswerkzeug – frei von Ego, Bias und Kaffeesatzlesen.

Die Methode erklärt

Die klassische Decision Matrix ist **ein tabellarisches Bewertungsmodell**, das Optionen mit Entscheidungsfaktoren verknüpft.
So funktioniert's:

Aufbau:

Liste von Alternativen (z. B. verschiedene Prototypen, Partner, Standorte, Technologien)

Bewertungskriterien (z. B. Kosten, Machbarkeit, Kundennutzen, Nachhaltigkeit)

Gewichtung der Kriterien (Wie wichtig ist was?)

Bewertung jeder Option nach jedem Kriterium (meist 1–5 oder 1–10 Skala)

Multiplikation der Bewertung mit Gewichtung → Summenwert pro Option

Beste Option = höchste Gesamtsumme

Klingt simpel – ist es auch. Aber: Es zwingt zum klaren Denken, zu Diskussionen über Werte, Ziele und Prioritäten. Und genau das ist der entscheidende Hebel für kluge Entscheidungen.

Thomas Gernbauer - Probleme methodisch lösen mit KI.

KI als Entscheidungshelfer

In der klassischen Anwendung braucht eine Decision Matrix viel manuelle Arbeit – besonders bei der Datensammlung und Bewertung. Mit KI wird der Prozess schneller, objektiver und oft sogar **vorausschauend**.

Was KI leisten kann:

Funktion	Nutzen
Kriterienvorschlag	GPT schlägt passende Kriterien vor – basierend auf Branche, Ziel, Erfahrungswerten
Optionen analysieren	KI analysiert jede Alternative anhand vorhandener Daten
Bewertung automatisieren	Zahlen, Marktinfos oder Kundenfeedback werden automatisch in Bewertungen übersetzt
Sensitivitätsanalyse	Was passiert, wenn sich Gewichtungen ändern? – KI simuliert Szenarien
Visualisierung	KI erstellt sofort Diagramme, Heatmaps, Entscheidungsbäume

Thomas Gernbauer - Probleme methodisch lösen mit KI.

Praxisbeispiel: Wahl einer KI-Plattform für ein mittelständisches Unternehmen

Situation:

Ein Industrieunternehmen möchte eine unternehmensweite KI-Lösung einführen – für Dokumentenanalyse, Prozessautomatisierung und interne Wissensnutzung. Drei Anbieter stehen zur Auswahl.

Ziel:

Die beste Wahl treffen – nachvollziehbar, argumentierbar, teamgetrieben.

Schritt-für-Schritt mit Decision Matrix + KI:

Alternativen definieren:

→ Anbieter A (etabliert), Anbieter B (agil, aber jung), Anbieter C (Open-Source + Eigenentwicklung)

Kriterien erarbeiten (GPT unterstützt):

Skalierbarkeit

Integration mit bestehenden Systemen

Datenschutz

Kosten

Usability

Supportqualität

Innovationsfähigkeit

Kriterien gewichten (mit GPT-Vorschlag + Teamabstimmung):

→ Datenschutz = 30□%, Integration = 25□%, Kosten = 15□%, ...

Bewertung durch GPT + BI-Daten:

→ Automatisierte Analysen von Datenschutzrichtlinien, Integrationserfahrungen, Kundenbewertungen

KI-gestützte Visualisierung:

→ Heatmap zeigt: Anbieter B hat die beste Kombination aus Integration und Usability, Anbieter A punktet beim Datenschutz, Anbieter C bei Kosten

Sensitivitätsanalyse:

→ Was passiert, wenn Datenschutz weniger wichtig wird (z.□B. bei internen Tools)? – Anbieter C rückt nach vorne

Ergebnis:

Die Entscheidung ist nicht nur fundiert, sondern auch transparent dokumentiert – perfekt für Buy-in bei Stakeholdern und Risikominimierung.

Detaillierte KI-Prompts für die Decision Matrix

Kriterien- und Gewichtungsvorschlag:

Ich muss zwischen mehreren Alternativen wählen: [Beschreibung]. Bitte schlage mir eine Liste von Bewertungskriterien vor – mit prozentualer Gewichtung – basierend auf gängigen Prioritäten in [Branche/Kontext].

Vollständige Bewertungstabelle erstellen:

Hier sind meine Alternativen: [Liste]. Und hier die Kriterien mit Gewichtung: [Kriterien + Prozent]. Bitte erstelle eine vollständige Decision Matrix und markiere die stärkste Option. Gib auch eine kurze Begründung.

Sensitivitätsanalyse:

Wie verändert sich die Rangfolge meiner Optionen, wenn ich [Kriterium X] doppelt so stark gewichte? Zeige mir eine neue Bewertungstabelle + Vergleich zur Ursprungsvariante.

Visualisierung & Storytelling:

Bitte verwandle folgende Entscheidungsmatrix in eine aussagekräftige Visualisierung: Heatmap + Balkendiagramm + Entscheidungsbaum. Zielgruppe: Management-Präsentation.

Workshop-Impulse

Wertediskussion vor der Gewichtung:
Was ist dem Team wirklich wichtig? Nicht zu früh bewerten – erst klären.

Thomas Gernbauer - Probleme methodisch lösen mit KI.

KI vs. Mensch-Runde:

Das Team bewertet alle Optionen. Dann: GPT bewertet neutral. Gemeinsamkeiten und Unterschiede besprechen.

Szenarien-Workshop:

KI erstellt 3 Zukunftsszenarien – und zeigt, wie sich die Entscheidung jeweils verändern würde.

Synergien mit anderen Methoden

Kombiniert mit	Wirkung
SCAMPER	Ideenflut → Bewertung mit Decision Matrix
TRIZ	TRIZ liefert Varianten, Matrix bewertet Realisierbarkeit
Business Model Canvas	Matrix hilft bei der Auswahl strategischer Optionen
Prototyping	Matrix zeigt, welche Varianten zuerst getestet werden sollten

Fazit: Klarheit ist eine Entscheidung

Kreativität ist gut – aber ohne Entscheidungsfähigkeit bleibt sie ein bunter Haufen Ideen. Die Decision Matrix bringt Struktur, Vergleichbarkeit und Diskussionsqualität in den Innovationsprozess. Mit KI wird daraus kein Excel-Monster, sondern ein **intelligenter Entscheidungsnavigator**, der hilft, schneller und sicherer zu handeln – auch, wenn die Lage unübersichtlich ist.

Kapitel 8: Denken in Zyklen – Der OODA-Loop

Schnell entscheiden, besser reagieren, klüger handeln – mit KI, die denkt, bevor du zögerst.

Problemwelt & Relevanz

In stabilen Systemen helfen Planbarkeit, Analysen und Entscheidungsraster. Aber was, wenn sich das Umfeld schneller ändert als dein Excel-Sheet?
Märkte kippen, Kundenverhalten dreht sich, Technologien überholen sich selbst.
In solchen Kontexten – etwa in der digitalen Transformation, in Start-up-Märkten, in geopolitischen Situationen oder Innovationsprozessen – brauchst du kein starres Modell, sondern einen **Bewegungsmodus**.

Hier kommt der **OODA-Loop** ins Spiel – ein Denkmodell, das nicht auf Kontrolle, sondern auf **Anpassung und Geschwindigkeit** setzt. Es stammt aus der Militärstrategie – funktioniert aber genauso für Geschäftsmodelle, Innovationsprojekte, Change-Prozesse oder Produktentwicklung.

Thomas Gernbauer - Probleme methodisch lösen mit KI.

Die Methode erklärt

OODA steht für:

Observe – Beobachten

Orient – Einordnen

Decide – Entscheiden

Act – Handeln

...und dann: **wieder von vorn.**

Der Loop ist kein linearer Prozess – sondern eine **permanente Schleife,** die hilft, schnellere und bessere Entscheidungen zu treffen als der „Gegner" – sei es ein Wettbewerber, eine Krise oder ein komplexes System.

Je kürzer dein Loop, desto schneller bist du handlungsfähig – und desto eher übernimmst du die Kontrolle über die Dynamik.

KI als Taktgeber im Loop

Künstliche Intelligenz kann den OODA-Loop **massiv beschleunigen und vertiefen.** Sie unterstützt in allen vier Phasen – datenbasiert, kontinuierlich, selbstlernend.

Thomas Gernbauer - Probleme methodisch lösen mit KI.

Phase	KI-Beitrag
Observe	Echtzeitanalyse von Märkten, Nutzerverhalten, Systemdaten
Orient	Mustererkennung, Anomalien, Kontextualisierung
Decide	Szenariobewertung, Risikoabschätzung, Entscheidungsoptimierung
Act	Automatisierung, A/B-Testing, KPI-Monitoring

Das Ziel: Kein starres Reagieren mehr – sondern **agiles, intelligentes Handeln in Echtzeit**.

Praxisbeispiel: KI-gestützter OODA-Loop in der Produktentwicklung

Ein Softwareunternehmen entwickelt eine neue App für Sprachlernende. Der erste Launch floppt: hohe Abbruchraten, schlechte Reviews, geringe Aktivität.

Klassische Reaktion: Wochenlange Ursachenanalyse, Relaunch in 6 Monaten.

OODA-basierte Reaktion mit KI:

1. Observe

KI scannt Nutzungsdaten in Echtzeit (Heatmaps, Absprungraten, Button-Klicks)

GPT wertet App-Store-Kommentare, Chatlogs, Supportanfragen aus

2. Orient

Muster: 80 % der User brechen bei Grammatiklektionen ab

NLP-KI erkennt Frustration über starre Lernpfade

GPT schlägt mögliche Gründe vor: fehlende Personalisierung, zu hohe Einstiegshürde

3. Decide

GPT simuliert: *Was passiert, wenn wir adaptive Lernpfade einführen?*

A/B-Test-Vorschläge werden erstellt

Entscheidung: Rollout einer KI-basierten Empfehlung innerhalb 2 Wochen

4. Act

KI personalisiert Inhalte auf Basis bisheriger Lernverläufe

Testing wird automatisiert ausgewertet

Resultate fließen direkt in nächsten Observe-Schritt

Fazit: Innerhalb eines Monats entwickelt sich die App vom Flop zur „Editor's Choice" – weil der OODA-Loop in Echtzeit reagiert, anstatt auf perfekte Planung zu warten.

Detaillierte KI-Prompts für OODA in der Praxis

Beobachtungsdaten strukturieren:

Analysiere folgende Nutzer-, Markt- oder Systemdaten [Beschreibung/Quelle] und extrahiere die 5 wichtigsten Beobachtungen, Muster oder Veränderungen. Kennzeichne ungewöhnliche Trends separat.

Orientierung & Kontext:

Was sind mögliche Ursachen oder erklärende Faktoren für folgende Beobachtungen? Berücksichtige externe Trends, psychologische Aspekte, technologische Entwicklungen und interne Prozesse.

Entscheidungshilfe:

Hier sind zwei Handlungsoptionen: [A] und [B]. Bitte bewerte beide im Hinblick auf Risiko, Wirkung, Kosten, Zeithorizont und strategische Passung. Gib eine Empfehlung + Alternativvorschlag.

Umsetzung & Feedback-Loop:

Wie kann ich folgende Entscheidung [z. B. Feature X einführen] schnell und risikoarm testen? Gib einen 7-Tage-Aktionsplan mit Metriken für Feedback und Kriterien für Erfolg/Misserfolg.

Thomas Gernbauer - Probleme methodisch lösen mit KI.

Workshop-Impulse

OODA on Paper: In Gruppen durchlaufen alle 4 Phasen zu einem realen Projekt. Danach: GPT liefert ergänzende Perspektiven je Phase.

Loop-Speed-Test: Zwei Teams mit derselben Herausforderung – eines arbeitet klassisch, eines im OODA-Modus + KI. Wer ist schneller, klarer, mutiger?

OODA als Ritual: Jeden Montagmorgen: 15 Minuten Team-OODA-Update. GPT erzeugt automatisch Analyse der Woche, Handlungsvorschläge und Monitoring-Metriken.

Synergien mit anderen Methoden

Kombination	Wirkung
Decision Matrix	Entscheidung im Loop absichern, wenn mehrere Optionen gleichwertig wirken
Design Thinking	Rapid Empathie und Testen → ideal für Act-Phase
Prototyping	Loop liefert Geschwindigkeit und Feedback – Prototypen werden iterativ
Force Field Analysis	Orient-Phase profitiert vom Sichtbarmachen systemischer Kräfte

Fazit: Die beste Strategie ist Anpassung

Der OODA-Loop ist kein weiteres Tool – er ist eine **mentale Haltung** für Zeiten der Unsicherheit. Mit KI an deiner Seite wird er zum **dynamischen Betriebssystem für Innovation**: schneller, schlauer, konsequenter. Du handelst nicht erst, wenn andere fertig analysiert haben – du analysierst, während du handelst.

Kapitel 9: Denken greifbar machen – Prototyping

Teste Ideen schnell, kostengünstig und risikofrei – mit KI als Turbo für Umsetzung und Feedback.

Problemwelt & Relevanz

In Innovationsprozessen sehen viele Ideen auf dem Papier fantastisch aus – aber in der Realität scheitern sie an Details: Nutzerbedürfnisse wurden falsch verstanden, technische Anforderungen unterschätzt oder die Umsetzung war schlicht zu kompliziert.

Statt in monatelange Planung zu investieren, setzen erfolgreiche Teams heute auf:

Prototyping.

Es ist die Kunst, **Ideen frühzeitig sichtbar und testbar zu machen**, um daraus zu lernen – **bevor** man große Budgets oder Zeit in sie investiert.

Prototyping ist dabei **nicht nur für Designer oder Start-ups** gedacht – sondern für jede Organisation, die schnell lernen, besser entscheiden und kollaborativ arbeiten will.

Mit KI wird Prototyping nicht nur schneller, sondern auch **zugänglicher und intelligenter** – für jeden.

Thomas Gernbauer - Probleme methodisch lösen mit KI.

Die Methode erklärt

Prototyping heißt:

Etwas (Unfertiges) bauen, das (ehrliches) Feedback provoziert.

Es geht **nicht** darum, ein perfektes Produkt zu entwickeln – sondern ein **Erlebnis, eine Annahme, einen Kernnutzen oder ein Risiko sichtbar zu machen.**

Typen von Prototypen:

Typ	Beschreibung
Low-Fidelity	Skizzen, Storyboards, Papiermodelle, Click-Dummys
High-Fidelity	Funktionierende Klick-Prototypen, Code, physische Modelle
Wizard-of-Oz	Funktion wird nur simuliert – z. B. durch menschliche Bedienung
Service-Prototypen	Rollenspiele, Szenariosimulationen, Journeys mit echten Kunden

Thomas Gernbauer - Probleme methodisch lösen mit KI.

Die Wahl des Prototyp-Typs hängt von der **Frage** ab, die du beantworten willst – und nicht vom Entwicklungsstand.

KI als Prototyping-Beschleuniger

Mit KI werden heute in Minuten Dinge möglich, für die früher ganze Teams Wochen gebraucht hätten: Design, Code, Feedback, Optimierung – **alles beschleunigt sich.**

KI unterstützt in allen Phasen:

Phase	KI-Funktion
Ideenübersetzung	GPT verwandelt eine Idee in ein visuelles oder funktionales Konzept
UI/UX-Design	Tools wie Figma AI oder Uizard generieren klickbare Interfaces
Content-Erstellung	GPT oder Claude erstellen Texte, Dialoge, Anleitungen
Code-Prototypen	GitHub Copilot, Replit AI, CodeWhisperer schreiben funktionsfähigen Code
Feedback-Simulation	GPT spielt Nutzerreaktionen durch, simuliert Zielgruppen

Phase	KI-Funktion
Iterative Verbesserung	KI analysiert Prototyp-Daten und schlägt Optimierungen vor

Praxisbeispiel: Neue Mitarbeiter-Onboarding-App in einem Energiekonzern

Problem:

Das bestehende Onboarding besteht aus PDFs, Excel-Listen und PowerPoint. Feedback: unübersichtlich, unpersönlich, veraltet.

Ziel:

Schnell eine Idee für eine digitale, interaktive Lösung entwickeln – testen, verbessern.

Prototyping mit KI:

Low-Fidelity Mockup mit GPT + Miro AI:

KI fragt: *Was sind die Kernschritte im Onboarding-Prozess?*

Storyboard wird automatisch erstellt: Begrüßung → Infos → Aufgaben → Feedback

UI-Prototyp mit Uizard + GPT:

Team beschreibt die Idee in natürlicher Sprache

KI generiert klickbaren Screenflow – Startbildschirm, Checkliste, Quiz, Chat

Content & Microcopy durch GPT:

Begrüßungstexte, Tooltips, Fehlermeldungen – alles in gewünschtem Tonfall

Mehrsprachig, personalisiert

User-Test durch GPT-Simulation:

GPT spielt verschiedene Nutzertypen: IT-Angestellte, Verwaltung, Azubi

Feedback wird automatisch gesammelt, bewertet, priorisiert

Iterative Anpassung:

Basierend auf simuliertem Feedback werden Texte gekürzt, Ablauf vereinfacht, Gamification-Elemente eingebaut

Ergebnis:

Ein nutzbares MVP in **3 Tagen**, inklusive Feedback-Loop, visuellem Pitch und interaktivem Test-Link für Stakeholder.

Detaillierte KI-Prompts für Prototyping

Ideen in Screens übersetzen:

Ich habe folgende Idee: [Beschreibung]. Bitte entwickle ein Storyboard oder Screenflow mit 5–7 Stationen, die die Idee als digitales

Nutzererlebnis darstellen. Beschreibe die Inhalte, Aktionen und Ziele pro Screen.

UI generieren mit Design-KI:

Hier ist mein Screenflow: [Liste]. Bitte erstelle daraus einen Prototypen-Vorschlag mit klarer UI-Struktur, Navigationslogik, und Designideen. Zielgruppe: [z.□B. junge Erwachsene / B2B-Kunden / Senioren].

Nutzerreaktionen simulieren:

Stelle dir vor, du wärst ein Nutzer mit folgendem Profil: [Alter, Job, Erfahrung]. Bitte teste meinen Prototyp (beschrieben als [Idee]) und gib Feedback: Was gefällt dir? Was verwirrt dich? Was fehlt?

Verbesserungsideen auf Basis von Feedback:

Basierend auf folgendem Nutzerfeedback [Text] – was sind die 3 wichtigsten Optimierungen, die ich am Prototyp vornehmen sollte? Priorisiere nach Wirkung und Aufwand.

Workshop-Impulse

Crazy 5-Minute Prototypes: Jeder erstellt in 5 Minuten einen Low-Fidelity-Prototyp. KI hilft beim Verfeinern – das Team votet.

Roleplay mit GPT: GPT übernimmt die Rolle eines echten Nutzers – das Team pitcht live seinen Prototyp.

Speed Build & Test: Idee → GPT → UI-Tool → Prototyp innerhalb einer Stunde. Danach Sofort-Feedbackrunde.

Synergien mit anderen Methoden

Methode	Synergie
SCAMPER	Liefert Varianten, die getestet werden können
TRIZ	Liefert radikale Lösungsideen – Prototyping bringt sie auf die Erde
OODA	Schnell bauen → testen → verbessern → nächster Loop
Decision Matrix	Hilft bei Auswahl, welche Prototypidee verfolgt wird

Fazit: Prototyping macht Ideen sichtbar – KI macht sie flügge

Prototyping ist keine Spielerei. Es ist ein kraftvoller Denkprozess – ein Mittel, um zu lernen, zu überzeugen und zu entdecken. Mit KI wird dieser Prozess **so schnell, intelligent und kreativ wie nie zuvor**. Wer heute mutig denkt, muss morgen schnell testen – und genau das ermöglicht Prototyping in der neuen Ära des hybriden Denkens.

Kapitel 10: Neues Denken für neue Märkte – Die Blue Ocean Strategy

Finde unbesetzte Chancenräume, statt in blutigen Preiskämpfen zu untergehen – mit KI als Navigator.

Problemwelt & Relevanz

Viele Unternehmen optimieren, differenzieren, kalkulieren. Sie versuchen, besser zu sein – schneller, günstiger, schöner. Aber am Ende schwimmen sie im selben blutroten Wasser wie ihre Wettbewerber: Der **Red Ocean**.

Was wäre, wenn du stattdessen einen **Blue Ocean** findest?
Einen Raum, in dem es **keinen Wettbewerb gibt**, weil du etwas anbietest, das **keiner bisher gedacht oder gewagt hat**?

Die **Blue Ocean Strategy** (BOS), entwickelt von **W. Chan Kim & Renée Mauborgne**, ist mehr als ein Strategie-Tool. Sie ist ein **Mindset** – für radikale Differenzierung, echte Innovation und langfristige Relevanz.

Mit KI bekommst du in dieser Strategie eine Partnerin, die Märkte durchleuchtet, Kundenverhalten analysiert, Wertinnovationen entwickelt und blinde Flecken sichtbar macht.

Die Methode erklärt

Ausgangspunkt:

Die Welt ist in **Red Oceans** (bekannte Märkte, harter Wettbewerb) und **Blue Oceans** (neue Märkte, unbesetzte Bedürfnisse) unterteilt.

Ziel:

→ Nicht besser sein, sondern **anders**.

→ Nicht Wettbewerb schlagen, sondern **irrelevant machen**.

Kernelemente:

Value Innovation:

→ *Steigerung von Wert für Kunde UND Unternehmen – bei gleichzeitiger Kostenreduktion*

Strategie-Leinwand (Strategy Canvas)

→ Visualisiere, wie du dich entlang verschiedener Kundennutzenfaktoren vom Markt unterscheidest

Vier-Aktionen-Format (4 Actions Framework)

→ **Eliminate – Reduce – Raise – Create**

Aktion	Frage
Eliminate	Was nehmen wir weg, was alle anderen machen?
Reduce	Was reduzieren wir unter Branchenniveau?

Aktion	Frage
Raise	Was bieten wir stärker/besser an als andere?
Create	Was schaffen wir, was es noch nicht gibt?

Diese vier Fragen zwingen zu echter Differenzierung – jenseits von „bisschen besser".

KI als Blue Ocean Scout

Künstliche Intelligenz kann hier mächtige Dienste leisten – nicht nur zur Analyse, sondern zur **strategischen Navigation**.

BOS-Element	KI-Einsatz
Marktanalyse	GPT analysiert Wettbewerber, Preismodelle, Angebotsstruktur
Nutzerbedürfnisse erkennen	NLP auf Kundenfeedback, Foren, Rezensionen
Wertlücken identifizieren	GPT entdeckt, was Kunden wollen – aber nicht bekommen
Ideen für Value Innovation	GPT schlägt neue Leistungsversprechen oder Preismodelle vor

BOS-Element	KI-Einsatz
Strategie-Leinwand visualisieren	KI erzeugt Diagramme, Vergleiche, Positionierungskarten

Praxisbeispiel: Radikale Neupositionierung eines Fitnessstudios

Ausgangssituation:

Ein städtisches Fitnessstudio verliert Kunden. Die Konkurrenz bietet Hightech, Wellness, 24/7-Zugang.

Klassischer Ansatz:

Bessere Geräte kaufen, Rabatte anbieten, Öffnungszeiten ausweiten.

Blue Ocean Denkweise mit KI:

4 Actions Framework + GPT:

Eliminate:

Vertragslaufzeiten, versteckte Zusatzkosten → Weg damit

Reduce:

Fokus auf Maschinen → zurück zum Wesentlichen: Bewegung & Gemeinschaft

Raise:

Betreuung, persönliche Motivation, soziale Komponente

Create:

„Bewegung für mentale Gesundheit" – inklusive Achtsamkeitszonen, Coach-Calls, digitale Buddy-Programme

Kombi von digitalem und analogem Training → KI-basiertes Feedback auf Bewegungen, App-Coaching

Strategy Canvas mit GPT:

Visualisiert alte vs. neue Positionierung:

Fitnessgeräte ↓

Motivation & Community ↑↑

Psychische Gesundheit: neu geschaffen

Ergebnis:

→ Vom „Fitnessstudio wie jedes andere" zur „Life-Balance-Zone für Körper & Kopf".
→ Zielgruppe verlagert sich: von Muskel-Fans zu gestressten Wissensarbeitenden.
→ Wettbewerb? Spielt plötzlich in einem ganz anderen Markt.

Detaillierte KI-Prompts für Blue Ocean Strategy

Kundenbedürfnisse erkennen:

Analysiere folgende Kundenrezensionen / Marktfeedback / Forenbeiträge zu [Branche/Produkt]. Welche Bedürfnisse, Frustrationen oder unerfüllte Wünsche lassen sich daraus ableiten?

Marktstandard zerlegen:

Was sind die typischen Leistungsmerkmale und Erwartungen in [Branche]? Bitte liste sie auf und gib Hinweise, welche davon überholt, teuer oder irrelevant sein könnten.

4 Actions Framework anwenden:

Wende das 4 Actions Framework (Eliminate, Reduce, Raise, Create) auf folgendes Produkt/Angebot an: [Beschreibung]. Ziel: radikale Differenzierung in einem neuen Marktsegment.

Strategy Canvas erstellen:

Erstelle eine Strategie-Leinwand mit 6–8 Faktoren für den Wettbewerb in [Markt]. Positioniere [unsere Idee] im Vergleich zu zwei bestehenden Wettbewerbern. Gib kurze Bewertung pro Faktor (1–10).

Thomas Gernbauer - Probleme methodisch lösen mit KI.

Workshop-Impulse

Wettbewerb ist irrelevant:

Lass das Team aufschreiben, was alle Marktteilnehmer tun. Dann: *Was könnten wir weglassen?* – GPT ergänzt Vorschläge.

Blue Ocean Canvas mit KI:

Teilnehmer arbeiten an 4-Actions-Fragen. GPT generiert zusätzliche „Create"-Impulse – oft überraschend.

Strategie-Leinwand live vergleichen:

KI generiert die Positionierung zweier Wettbewerber. Das Team entwirft live eine eigene – und überprüft sie mit GPT.

Synergien mit anderen Methoden

Methode	Wirkung
SWOT	Erkennt interne Stärken & externe Chancen – Grundlage für BOS
TRIZ	Löst Zielkonflikte – BOS fragt: Muss der Konflikt überhaupt bestehen?
Prototyping	Neue Marktidee → sofort testbar machen
First Principles	BOS fragt: *Was will der Markt?* FPT fragt: *Was ist überhaupt wahr?*

Fazit: Warum kämpfen, wenn du schwimmen kannst?

Die Blue Ocean Strategy ist nicht nur ein Denkmodell – sie ist eine Einladung zum **anderen Spiel**. Mit KI wird dieser strategische Raum **sichtbarer, zugänglicher, skalierbarer**. Wer heute noch im Red Ocean rudert, kann morgen schon im Blue Ocean segeln – wenn er sich traut, das Ruder loszulassen und neu zu denken.

Kapitel 11: Vor dem Scheitern denken – Die Pre-Mortem-Analyse

Stell dir vor, es ist gescheitert – und finde heraus, warum. KI zeigt dir, was du lieber vorher wusstest.

Problemwelt & Relevanz

Klassische Projektplanung ist oft wie ein Hochzeitsvideo: nur die schönen Seiten, alle gut gelaunt, perfekter Ablauf. Aber die Realität ist... anders. Projekte scheitern. Ideen zünden nicht. Pläne gehen baden.

Warum?
Weil wir dazu neigen, **unsere eigenen Annahmen zu überschätzen**, Risiken zu unterschätzen – und in Optimismus zu baden.

Die **Pre-Mortem-Analyse** kehrt diesen Denkfehler um:
Statt zu hoffen, dass alles gutgeht, gehen wir davon aus, dass es **gescheitert ist** – und fragen dann:

„Was ist schiefgelaufen?"

Diese Art des Denkens ist unbequem. Aber sie ist **hoch wirksam**. Und sie öffnet den Raum für radikale Ehrlichkeit. Mit KI als Sparringspartner wird daraus ein strukturierter, faktenbasierter und oft auch überraschend kreativer Risikodialog.

Thomas Gernbauer - Probleme methodisch lösen mit KI.

Die Methode erklärt

Pre-Mortem bedeutet:

Du stellst dir vor, dein Projekt, Produkt oder Vorhaben ist **bereits gescheitert**.

Dann fragst du: *Was könnte die Gründe dafür gewesen sein?*

Ziel: Risiken, Schwächen und blinde Flecken **frühzeitig erkennen und entschärfen**.

Ablauf:

Rahmen setzen: Projekt, Ziel, Zeitrahmen

Annahme formulieren: „Es ist [in 6 Monaten / nach Markteinführung / im Q2] gescheitert."

Gründe sammeln: Was ist passiert? Was hat nicht funktioniert? Warum?

Clustern & priorisieren: Welche Faktoren sind kritisch, systemisch, wiederholbar?

Präventive Maßnahmen ableiten

Optional: Du kannst das auch in der *anderen Richtung* machen – mit einem **Success Pre-Mortem**:

„Stell dir vor, es war ein Riesenerfolg. Was war der Schlüssel?"

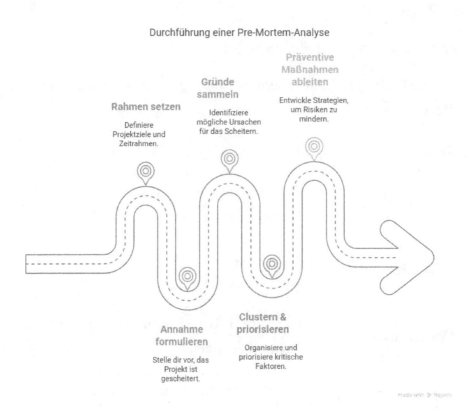

Durchführung einer Pre-Mortem-Analyse

Rahmen setzen
Definiere Projektziele und Zeitrahmen.

Gründe sammeln
Identifiziere mögliche Ursachen für das Scheitern.

Präventive Maßnahmen ableiten
Entwickle Strategien, um Risiken zu mindern.

Annahme formulieren
Stelle dir vor, das Projekt ist gescheitert.

Clustern & priorisieren
Organisiere und priorisiere kritische Faktoren.

KI als schonungslos kluge Begleiterin

Künstliche Intelligenz ist hier ein Geschenk: Sie hat keine Angst, deine Idee zu kritisieren. Sie zeigt dir mit analytischer Klarheit:

Denkfehler

Risiken

Abhängigkeiten

Erfahrungswerte aus ähnlichen Fällen

Und sie kann Vorschläge liefern, **wie du gegensteuern kannst**, noch bevor du ins Stolpern gerätst.

Phase	KI-Unterstützung
Risikofantasie	GPT generiert realistische, aber unerwartete Scheiter-Szenarien
Fehlersimulation	KI simuliert Worst-Case-Ausgänge auf Basis von Parametern
Clusteranalyse	GPT ordnet Risiken nach Ursache, Wirkung, Kontrollierbarkeit
Präventionsvorschläge	KI entwickelt Gegenmaßnahmen, Frühwarnsysteme und Prozesschecks

Praxisbeispiel: Launch eines neuen Smart-Home-Geräts

Situation:

Ein Hersteller entwickelt ein smartes Lichtsystem mit App-Steuerung, das automatisch auf Tageslicht und Nutzungsverhalten reagiert.

Pre-Mortem-Frage:

„Stell dir vor: Der Launch floppt. Die Verkaufszahlen brechen ein. Der Ruf ist angeschlagen. Was ist passiert?"

GPT-generierte Risikogründe:

App-Kompatibilität nur mit 2 Betriebssystemen → 40☐% der Zielgruppe außen vor

Datenschutzbedenken durch cloudbasierte Verhaltensanalyse

Konkurrenz bringt ein ähnlich aussehendes Produkt 2 Monate früher

Nutzer verstehen das Konzept nicht – „zu viel Automatik"

Clustern mit GPT:

Technisch: fehlende Interoperabilität

Markt: Timing & Wettbewerbsdruck

Kommunikativ: unklare Positionierung

Strategisch: Abhängigkeit von Dritt-APIs

Ableitungen:

Beta-Test mit 500 „Power-Usern" zum UI-Check

Notfallkommunikationsplan für Datenschutzkritik

Thomas Gernbauer - Probleme methodisch lösen mit KI.

Parallelentwicklung lokaler Steuerlogik für Offline-Nutzung

Launch-Verschiebung um 6 Wochen zur Differenzierung

Detaillierte KI-Prompts für Pre-Mortem

Scheiternszenario entwickeln:

Ich plane [Projekt/Produkt/Veränderung]. Stell dir vor, es ist in [Zeitraum] gescheitert. Bitte nenne mir 10 plausible Gründe für das Scheitern – aus technischer, strategischer, menschlicher und kommunikativer Sicht.

Risiken clustern & bewerten:

Hier sind potenzielle Risiken: [Liste]. Bitte gruppiere sie in Cluster (z. B. Markt, Technik, Mensch, Organisation) und bewerte sie nach Eintrittswahrscheinlichkeit und Wirkung (hoch/mittel/niedrig).

Präventionsideen entwickeln:

Basierend auf folgenden Risiken [Liste] – welche Maßnahmen, Frühwarnindikatoren oder Tests könnte ich implementieren, um diese Risiken zu entschärfen oder frühzeitig zu erkennen?

Erfolgsszenario umdrehen (Success Pre-Mortem):

Stell dir vor, [Projekt] wird in 12 Monaten ein voller Erfolg. Was waren die 5 wichtigsten Dinge, die zum Erfolg beigetragen haben – aus Sicht von Markt, Team, Strategie, Produkt und Nutzererlebnis?

Workshop-Impulse

Black Mirror Session:

Team beschreibt Worst-Case-Fiction → KI ergänzt + bewertet die Glaubwürdigkeit der Szenarien

Pre-Mortem x RCA:

KI liefert Ursachen → Team führt 5-Why darauf aus → Erkenntnisse zurück in Strategie

Risk Parade:

Alle schreiben auf, wovor sie bei dem Projekt am meisten Angst haben. GPT formuliert daraus eine strukturierte Pre-Mortem-Story.

Synergien mit anderen Methoden

Methode	Nutzen
Root Cause Analysis	RCA ist reaktiv – Pre-Mortem ist präventiv
OODA-Loop	Risiken im Voraus erkennen = besser orientieren & agieren
Decision Matrix	Pre-Mortem-Risiken helfen, Optionen besser zu bewerten

Methode	Nutzen
Prototyping	Die größten Risiken zuerst testen – statt das schönste Feature

Fazit: Stell dir den Absturz vor – um besser fliegen zu lernen

Pre-Mortem ist unbequem. Es zerstört die Illusion vom perfekten Plan. Doch genau das ist seine Stärke. Wer bereit ist, sich das Scheitern vorzustellen, kann es oft **vermeiden**, **abfedern** – oder **ganz anders denken**. Mit KI wird aus einem pessimistischen Planspiel ein präziser Frühwarnsensor. Und das kann ein Projekt retten, bevor es brennt.

Kapitel 12: Zum Kern vordringen – Root Cause Analysis

Ursachen statt Symptome erkennen – mit KI, die tiefer gräbt, als wir oft bereit sind zu schauen.

Problemwelt & Relevanz

Du kennst das: Ein Projekt läuft aus dem Ruder. Die Verkaufszahlen stagnieren. Ein Prozess verursacht wiederkehrende Fehler. Schnell wird gehandelt: neue Features, neue Regeln, neue Tools.

Doch oft liegt das eigentliche Problem ganz woanders – tiefer, systemischer, versteckt unter Annahmen, Routinen oder Strukturen.

Das ist wie bei einem Leck in einem Rohrsystem: Man sieht nur die Wasserpfütze – aber nicht die Haarrisse in der Leitung dahinter.

Root Cause Analysis (RCA) ist der Weg, um **dorthin zu kommen**, wo die wahren Ursachen sitzen – und nicht nur Symptome zu kurieren.

In Kombination mit KI wird daraus eine besonders kraftvolle Methode, denn:
KI kann helfen, **systemische Zusammenhänge, versteckte Muster und Ursachenketten** schneller und umfassender zu erkennen als menschliches Denken allein.

Thomas Gernbauer - Probleme methodisch lösen mit KI.

Die Methode erklärt

Root Cause Analysis ist keine einzelne Technik, sondern ein **Denkansatz**, der mehrere Tools umfasst. Der gemeinsame Nenner:

Finde die eigentliche Ursache – nicht den nächstbesten Erklärungsversuch.

Typische Techniken:

Methode	Beschreibung
5-Why-Methode	Fünfmal „Warum?" fragen – bis zur Wurzel
Cause-and-Effect-Diagramm	Auch bekannt als Fishbone oder Ishikawa
Fault Tree Analysis	Visuelles Zerlegen von Fehlfunktionen
Pareto-Analyse	Identifizieren der häufigsten/wichtigsten Ursachen (80/20-Regel)
Kausaldiagramme (Causal Loop)	Für systemische Rückkopplungen und komplexe Ursache-Wirkungsketten

KI als Ursachen-Scout

Künstliche Intelligenz bringt neue Kraft in die Ursachenanalyse – durch:

Einsatz	KI-Funktion
Datengestützte „Why"-Ketten	GPT analysiert Aussagen und entwickelt tiefere Warum-Fragen
Korrelationserkennung	ML-Modelle analysieren Zusammenhänge zwischen Variablen (Ursache ≠ Auslöser)
Stimmungsanalyse	NLP identifiziert wiederkehrende Themen in Beschwerden oder Feedback
Kausalmodellierung	KI erstellt Ursache-Wirkungs-Diagramme aus unstrukturierten Daten
Hypothesenbildung	GPT schlägt alternative Erklärungen vor – auch kontraintuitiv

Praxisbeispiel: Qualitätsprobleme in einem Solarunternehmen

Situation:
Ein Hersteller von Solarmodulen bekommt zunehmend Reklamationen wegen „Leistungsabfall nach 12 Monaten".

Thomas Gernbauer - Probleme methodisch lösen mit KI.

Symptombehandlung (klassisch):

Module austauschen, technische Hotline verstärken, Garantien anpassen

RCA-Ansatz mit KI-Unterstützung:

Beobachtungsebene (GPT + Daten):

Kundenfeedback zeigt Muster: Module aus Werk B betroffen

NLP erkennt Begriffshäufung „Kondenswasser", „grauer Rand"

5-Why-Analyse mit GPT:

Warum fällt Leistung ab? → Zellschäden

Warum Zellschäden? → Feuchtigkeit im Inneren

Warum Feuchtigkeit? → Undichte Ränder

Warum? → Kleberverbindung unvollständig

Warum? → Neue Klebeautomatik in Werk B falsch kalibriert

KI-basierte Prozessanalyse (ML + Sensorlogs):

Korrelation zwischen Luftfeuchtigkeit, Montagelinie B und Ausfällen

Frühere Reklamationen in dieser Kombination übersehen

Ergebnis:

Keine Austauschaktion – sondern Neukalibrierung der Kleberoboter, verbesserte Prozessüberwachung und gezielte Kommunikation. Reklamationen sinken um 90□% in 3 Monaten.

Detaillierte KI-Prompts für RCA

5-Why-Analyse automatisieren:

Hier ist ein beobachtetes Problem: [Beschreibung]. Bitte führe eine 5-Why-Analyse durch, indem du jeweils logisch und plausibel auf die vorherige Antwort aufbaust. Gib alternative Ursachen, wo möglich.

Ursachenmuster erkennen:

Analysiere folgende Daten (z. B. Kundenfeedback, Supportlogs, Prozessdaten): [Beschreibung oder Textausschnitt]. Identifiziere wiederkehrende Themen oder potenzielle Ursachencluster.

Hypothesenbildung aus Daten:

Basierend auf folgenden Symptomen [Liste] – welche drei plausiblen Ursachen könnten systemisch dahinterstehen? Gib kurze Begründungen und notwendige Prüfmaßnahmen.

Ursachenvisualisierung:

Erstelle aus folgender Ursachenstruktur ein visuelles Kausaldiagramm mit Hauptursache, Nebenursachen, Folgeproblemen und Rückkopplungen: [Beschreibung].

Thomas Gernbauer - Probleme methodisch lösen mit KI.

Workshop-Impulse

Live-5-Why mit GPT:
Teilnehmer starten manuell, GPT ergänzt mit alternativen „Why"-Ketten – dann vergleichen.

Datenbasierte Ursache-Jagd:
Support- oder Feedbackdaten werden anonymisiert an GPT übergeben → Ursachenmuster live ermitteln und clustern.

Root Cause Battle:
Zwei Teams schlagen unterschiedliche Hauptursachen vor – GPT bewertet die Plausibilität anhand vorhandener Daten.

Synergien mit anderen Methoden

Methode	Nutzen
Fishbone Diagramm	RCA profitiert von visualisierter Ursachenstruktur
OODA-Loop	RCA liefert die Tiefenanalyse für bessere Orientierung
Prototyping	RCA zeigt, was im Prototyp zuerst getestet werden sollte

Methode	Nutzen
TRIZ	RCA deckt systemische Widersprüche auf – TRIZ hilft, sie kreativ zu lösen

Fazit: Wer tiefer fragt, findet stärkere Antworten

Root Cause Analysis ist nicht spektakulär – aber sie ist der Grundstein für jede wirksame Veränderung. Wer Ursachen versteht, handelt präzise statt panisch. Mit KI wird RCA nicht nur gründlicher, sondern auch schneller, breiter, lernfähiger. Und am Ende zeigt sich: Die eigentliche Ursache ist oft nicht das Offensichtliche – sondern das Übersehene.

Abschnitt II: Denkbarrieren aufbrechen & neue Wege bauen

Kapitel 13: Erfolg rückwärts denken – Inversion Thinking

Stell dir vor, du willst scheitern – und finde so die besten Wege zum Gelingen. KI hilft dir dabei, das Gegenteil deiner Gewohnheiten zu denken.

Problemwelt & Relevanz

Die meisten Problemlösungen beginnen mit der Frage:

„Was müssen wir tun, um erfolgreich zu sein?"

Klingt logisch. Ist aber oft **uninspirierend, unpräzise, erwartbar**. Denn wir denken in vertrauten Bahnen, in bekannten Mustern – und übersehen dabei oft die entscheidenden Lücken.

Inversion Thinking kehrt die Frage um:

„Was müsste ich tun, um garantiert zu scheitern?"
„Wie kann ich dieses Projekt so richtig in den Sand setzen?"

Und genau dadurch deckt es Schwächen, Risiken, Denkfehler und naive Annahmen schonungslos auf – **aber auf eine kreative, manchmal sogar humorvolle Weise**.

KI kann diese Umkehr hervorragend verstärken, weil sie ohne emotionale Barrieren denkt – und oft genau dort hinleuchtet, wo wir selbst nicht hinschauen wollen.

Die Methode erklärt

Inversion Thinking ist **kein starres Framework**, sondern eine Denkhaltung. Es basiert auf einem Grundprinzip:

"Avoiding stupidity is easier than seeking brilliance."
— Charlie Munger

Typischer Ablauf:

Ziel definieren: Was willst du eigentlich erreichen?

Umkehrfrage stellen: Was wäre das genaue Gegenteil?

Worst-Case-Weg beschreiben: Was müsstest du tun, um dieses Gegenteil sicher herbeizuführen?

Fehlerquellen identifizieren: Welche davon sind realistisch oder passieren sogar unbewusst?

Maßnahmen ableiten: Was tust du konkret, um das zu verhindern – und das Ziel *wirklich* zu erreichen?

Thomas Gernbauer - Probleme methodisch lösen mit KI.

KI als Spiegelbild-Denkerin

Künstliche Intelligenz ist hier ein brillanter Denkpartner:

Sie hat keine Hemmungen, die schlimmsten Fehler zu denken.

Sie erkennt Muster in gescheiterten Projekten.

Sie kann Inversionen zu jeder Phase deiner Strategie durchspielen.

Und sie schlägt präventive Maßnahmen oder Umkehrlogiken vor.

Phase	KI-Unterstützung
Zielklärung	GPT hilft, das Ziel klar, messbar und verständlich zu formulieren
Inversionsspiel	GPT erzeugt absurde, wahre, bittere oder lustige Wege, wie man scheitern kann
Fehleridentifikation	GPT erkennt, welche dieser Wege tatsächlich passieren (und oft werden sie's!)
Anti-Strategien entwickeln	GPT entwirft Maßnahmen, Prozesse oder Kontrollpunkte, die genau diese Fehler ausschließen

Praxisbeispiel: Einführung einer Innovationskultur in einem Traditionsunternehmen

Ziel:

Das Unternehmen will eine offenere, kreativere Innovationskultur fördern – mit internen Hackathons, Ideenplattformen und agilen Teams.

Inversion Thinking:

„Wie könnten wir das garantiert zum Scheitern bringen?"

GPT-generierte Antworten:

Keine Zeit für neue Ideen lassen („Aber macht das bitte nebenher!")

Innovationsprojekte nicht budgetieren – „Das soll sich selbst tragen"

Mitarbeitende nicht ernst nehmen – „Wir machen das eh wie der Vorstand will"

Ideenplattform einführen – aber nie darauf reagieren

Hackathons veranstalten – aber ohne echte Probleme, ohne Follow-up

Kreativität fordern – aber Hierarchien unangetastet lassen

Ableitungen:

Verbindliche Zeitbudgets für Innovationsarbeit

Klare Entscheidungsprozesse für Ideenbewertung

Führungskräftetrainings zu Fehlerkultur

Regelmäßige Feedbackschleifen aus Hackathon-Projekten →
Umsetzungs-Pipeline

Ergebnis:

Eine Strategie, die nicht durch Wunschdenken entstand – sondern durch
kluge **Vermeidung von Dummheiten**.

Detaillierte KI-Prompts für Inversion Thinking

Ziel umkehren:

Ich möchte folgendes Ziel erreichen: [Zielbeschreibung]. Was müsste
ich systematisch falsch machen, damit ich dieses Ziel **nicht
erreiche** – oder sogar das Gegenteil erzeuge?

Sabotageplan simulieren:

Stell dir vor, du bist der CEO eines Projekts – aber dein Ziel ist es, dass
es **maximal scheitert**. Beschreibe die 10 besten Sabotageaktionen,
die du tun würdest. Gib auch an, welche davon realistisch passieren
könnten – sogar unbewusst.

Thomas Gernbauer - Probleme methodisch lösen mit KI.

Fehler vermeiden:

Hier ist eine Liste von potenziellen Fehlern / Fehlverhalten [Liste]. Was kann ich konkret tun, um diese zu verhindern – auf Ebene von Struktur, Kultur, Prozessen oder Führung?

Invertierte KPIs:

Statt Erfolg zu messen, als [z. B. „mehr Kundenzufriedenheit"], wie könnten wir **Misserfolg messen**? Was wären negative KPIs – und wie können wir verhindern, dass sie steigen?

Workshop-Impulse

„How to fail"-Session:
Teams entwickeln in 10 Minuten ein „Sabotage-Skript" für ihr eigenes Projekt. Danach: KI bringt die echten Schmerzpunkte auf den Tisch.

Gegenteil-Mapping:
Für jeden Erfolgsfaktor wird das Gegenteil formuliert. GPT ergänzt Beispiele, wie andere genau daran gescheitert sind.

Inverted Roadmap:
GPT erstellt einen Projektplan mit eingebauten Misserfolgsfaktoren. Das Team muss ihn Stück für Stück „reparieren".

Thomas Gernbauer - Probleme methodisch lösen mit KI.

Synergien mit anderen Methoden

Methode	Verbindung
Pre-Mortem	Beide Methoden denken vom Scheitern her – Pre-Mortem ist realistisch, Inversion manchmal bewusst absurd
Decision Matrix	Inversion hilft, versteckte Schwächen in Optionen zu erkennen
Root Cause Analysis	Inversion deckt typische Ursachen auf, bevor sie auftreten
TRIZ	TRIZ löst technische Widersprüche, Inversion entlarvt systemische Denkfehler

Fazit: Wer weiß, wie man scheitert, weiß, wie man es verhindert

Inversion Thinking ist wie ein Spiegel – aber ein ehrlicher. Es zwingt dich, dein Ziel **von hinten zu durchdenken** – und dabei Dinge zu sehen, die du von vorne nie gesehen hättest. Mit KI wird daraus kein zynisches Spiel, sondern ein smarter Reflexionsprozess. Und oft liegt genau darin der Schlüssel zum Erfolg: nicht mehr richtig machen – sondern **weniger falsch machen**.

Kapitel 14: Anders denken, besser lösen – Laterales Denken

Breche aus gewohnten Denkmustern aus und entdecke Lösungen abseits des Offensichtlichen – mit KI als Querdenkerin mit System.

Problemwelt & Relevanz

Unsere Gehirne sind gut darin, Muster zu erkennen. Das ist effizient – aber auch gefährlich. Denn in bekannten Mustern **finden wir oft nur bekannte Lösungen.**

In komplexen, neuen oder festgefahrenen Situationen brauchst du etwas anderes:

Laterales Denken – also das **Quer- oder Seitwärtsdenken**, wie es **Edward de Bono** geprägt hat.

Dabei geht es nicht darum, „besser" zu denken – sondern **anders**: nicht entlang der logischen Kette, sondern **durch Irritation, Provokation, Reframing**.

Mit KI als sparringsstarker Mitdenkerin wird Laterales Denken zur echten Innovationswaffe: Sie hilft, absichtlich „falsche" Fragen zu stellen, Annahmen zu unterbrechen, Unverbundenes zu verbinden – und so neue Lösungen zu ermöglichen.

Thomas Gernbauer - Probleme methodisch lösen mit KI.

Die Methode erklärt

Laterales Denken ist:

„Nicht der direkte Weg von A nach B, sondern der Seitenschritt zu C – der B plötzlich überflüssig macht."

Ziel:

– Denkblockaden aufbrechen
– Unkonventionelle Verbindungen schaffen
– Neue Perspektiven entdecken, die lineares Denken verhindert

Klassische Techniken:

Technik	Beispiel
Provokation	„Was wäre, wenn Kunden für schlechte Beratung mehr bezahlen?"
Random Entry	Zufälliges Wort (z. B. „Uhr") wird mit dem Problem verknüpft
Alternative Annahmen	„Was, wenn das Gegenteil unserer Annahme wahr ist?"
Verfremdung	„Wie würde ein Kind / Alien / Tier dieses Problem lösen?"

Thomas Gernbauer - Probleme methodisch lösen mit KI.

Technik	Beispiel
Metapher	„Unser Service ist wie ein Verkehrsknotenpunkt…" – was folgt daraus?

KI als strukturiert-verrückte Ideenmaschine

Laterales Denken lebt von Irritation – und genau das kann KI hervorragend. Sie kann Denkverläufe absichtlich stören, absurde Fragen stellen, ungewöhnliche Analogien bauen oder blinde Flecken aufdecken.

Technik	KI-Beitrag
Provokationen generieren	GPT erfindet absurde, aber kreative Szenarien
Assoziationen verknüpfen	KI verbindet zwei beliebige Begriffe in neuen Konzepten
Unlogische Fragen stellen	GPT simuliert Denkweisen von Kindern, Künstlern, Außenseitern
Rollenspiele initiieren	GPT übernimmt Rollen und argumentiert aus ihrer Sicht
Kontexttransfers erzeugen	GPT übersetzt dein Problem in völlig andere Branchen

Praxisbeispiel: Kundenerlebnis in einem Online-Supermarkt

Problem:

Viele Kunden brechen ihren Warenkorb kurz vor dem Kauf ab. Die Conversion stagniert.

Lineares Denken:

→ Preise senken

→ UX verbessern

→ Payment vereinfachen

Laterales Denken mit KI:

Provokation:

„Was wäre, wenn Kunden für das Stöbern bezahlt würden?"

→ KI-Idee: Kunden bekommen Punkte für Zeit im Shop → Gamification

→ Belohnungssystem für gezielte „Schaufenster-Nutzung"

Random Entry („Fahrrad") → KI verknüpft: → Was wäre, wenn unser Einkauf wie eine Fahrradtour wäre?

→ „Reiseroute" mit Empfehlungen, Zwischenstopps, Entdeckungen → Story-Einkauf

Rollentausch:

GPT simuliert den Einkauf aus Sicht:

eines 85-jährigen Rentners

Thomas Gernbauer - Probleme methodisch lösen mit KI.

eines überarbeiteten Freelancers

eines 12-jährigen, der für die Oma bestellt

→ Probleme werden sichtbar, die vorher unter dem Radar liefen

Detaillierte KI-Prompts für Laterales Denken

Perspektivwechsel:

Bitte nimm folgende Rolle ein: [z. B. ein Kind / Künstler / KI aus der Zukunft]. Wie würdest du folgendes Problem lösen: [Beschreibung]?

Random Entry mit Transfer:

Nimm das Wort [zufälliger Begriff, z. B. "Theater"] und kombiniere es kreativ mit folgendem Geschäftsproblem: [Beschreibung]. Welche Ideen ergeben sich aus dieser Verbindung?

Provokation erzeugen:

Erstelle 5 provokante Aussagen oder absurde Szenarien zum Thema [Problem], die bewusst gegen konventionelle Logik verstoßen – aber Denkimpulse liefern.

Umkehr-Annahme:

Was wäre, wenn unsere zentrale Annahme zu [Thema] falsch oder bedeutungslos wäre? Welche alternativen Denkansätze ergeben sich daraus?

Thomas Gernbauer - Probleme methodisch lösen mit KI.

Workshop-Impulse

Absurdist Brainstorming:
KI generiert 10 absurde, unlogische Lösungsansätze – das Team muss daraus mindestens 3 funktionierende Ideen ableiten.

Assoziations-Crash:
Jeder zieht ein zufälliges Wort (Tier, Objekt, Ort) – GPT verknüpft es mit dem Projekt → Denkabenteuer

Metaphern-Labor:
GPT erzeugt Metaphern für dein Geschäftsmodell („Unser Unternehmen ist wie ein…") → Team baut daraus neue Strategien

Synergien mit anderen Methoden

Methode	Effekt
SCAMPER	SCAMPER strukturiert – Laterales Denken bricht auf
TRIZ	TRIZ ist logisch-systematisch – Laterales Denken ist spielerisch-chaotisch
Inversion	Beide durchbrechen Denkpfade – Laterales Denken eher assoziativ
Prototyping	Laterale Ideen können schnell in Testobjekte überführt werden

Fazit: Die Lösung liegt oft nicht vor dir – sondern daneben

Laterales Denken ist kein Feinschliff – es ist ein **Sprung**. Eine Denkkultur, die das „Was wäre, wenn…?" genauso ernst nimmt wie das „Was ist?". Mit KI als Verstärker wird aus dem Seitenblick ein neuer Blickwinkel – und genau dort entstehen oft die Ideen, die nicht nur anders sind, sondern **besser**.

Kapitel 15: Was wäre, wenn...? – Kontrafaktisches Denken

Durch alternative Wirklichkeiten zum Erkenntnisgewinn – mit KI, die Vergangenes simuliert, um Zukunft neu zu schreiben.

Problemwelt & Relevanz

Oft sind wir so sehr auf das fixiert, **was ist**, dass wir kaum noch erkennen, **was sein könnte – oder hätte sein können**. Dabei ist genau dieser Perspektivwechsel oft der Schlüssel, um:

alte Fehler zu verstehen,

neue Wege zu entdecken,

oder unrealistisch geglaubte Ideen plötzlich real erscheinen zu lassen.

Kontrafaktisches Denken bedeutet, sich vorzustellen,

„Was wäre passiert, wenn X nicht passiert wäre – sondern Y?"

Es ist eine Denkform, die in der Geschichtswissenschaft, in der Psychologie, im Militär und zunehmend auch in der Innovation eingesetzt wird.

Mit KI wird kontrafaktisches Denken zu einer extrem starken Technik: Denn sie kann **komplexe Szenarien, historische Daten, psychologische Dynamiken** und **marktbezogene Entwicklungen** auf

Knopfdruck neu simulieren – und dir so den Spiegel alternativer Realität vorhalten.

Die Methode erklärt

Kontrafaktisches Denken basiert auf:

„Was wäre, wenn...?"

Es ist hypothetisches Denken auf Basis einer bekannten Realität, das gezielt verändert wird.

Formen des Kontrafaktischen:

Typ	Beispiel
Vergangenheitsbezogen	„Was wäre, wenn wir damals nicht fusioniert hätten?"
Zukunftsorientiert	„Was wäre, wenn unsere Branche sich komplett dezentralisiert?"
Perspektivenverschoben	„Was wäre, wenn unsere Kund:innen unsere Lösung gar nicht wollen – sondern etwas ganz anderes?"
Systemisch	„Was wäre, wenn das ganze Geschäftsmodell auf einem Denkfehler basiert?"

Ziel:

– Lernprozesse durch Simulation

– Fehlerbewusstsein stärken

– Strategieoptionen erweitern

– Resilienz durch Denkvielfalt erzeugen

KI als alternative Realitätsschmiede

Künstliche Intelligenz kann kontrafaktisches Denken auf eine neue Stufe heben, indem sie:

Anwendung	KI-Beitrag
Szenario-Design	GPT erstellt plausible alternative Zukunfts- oder Vergangenheitsverläufe
Datenanalyse	Was hat sich nach Entscheidung X verändert? Was wäre ohne X passiert?
Story-Simulation	GPT schreibt alternative Entscheidungsnarrative durch
Systemmodellierung	KI berechnet Auswirkungen von hypothetischen Variablenänderungen
Business-Alternative	GPT entwickelt alternative Strategien, Produkte oder Zielgruppenansprachen

Praxisbeispiel: Fehlgeschlagene Expansion eines Energie-Start-ups

Situation:

Ein grünes Energieunternehmen expandierte 2022 mit viel Aufwand in den südosteuropäischen Markt. Ergebnis: Verlustreich, Rückzug nach 18 Monaten, strategischer Reputationsschaden.

Ziel des kontrafaktischen Denkens:

*Was wäre passiert, wenn wir **nicht expandiert**, sondern unser Kerngeschäft vertieft hätten?*

GPT-generierter alternativer Verlauf:

Kapital wäre in die Entwicklung von Smart-Grid-Technologie geflossen

Position als Vorreiter im Heimatmarkt hätte sich gefestigt

Wettbewerber hätten Expansion übernommen – mit hohem Risiko

Reputation für technische Exzellenz statt „Verzettelung"

Erkenntnis:

Die damalige Entscheidung beruhte auf Markt-Hype, nicht auf Kernkompetenz

Eine alternative Strategie hätte nicht nur finanziell, sondern kulturell gestärkt

Fazit: Nicht zur Selbstbestrafung – sondern zur Strategieklarheit.

Detaillierte KI-Prompts für kontrafaktisches Denken

Vergangenheits-Simulation:

Hier ist eine wichtige Entscheidung, die wir getroffen haben: [Beschreibung]. Bitte entwickle ein realistisches, alternatives Szenario: Was wäre passiert, wenn wir **anders** entschieden hätten? Welche Folgen hätte das gehabt auf Finanzen, Marke, Team und Markt?

Zukunfts-Alternative:

Was wäre, wenn in den nächsten 3 Jahren folgende Annahme **nicht** zutrifft: [z.□B. „Nachfrage nach KI-Lösungen steigt"]. Bitte entwickle ein kontrafaktisches Zukunftsszenario – und gib mir Hinweise, wie wir uns heute darauf vorbereiten könnten.

Systemisches Reframing:

Was wäre, wenn unsere zentrale Überzeugung zu [z.□B. „Kunden wollen Geschwindigkeit"] falsch ist? Welche anderen Kundenmotive könnten im Zentrum stehen – und wie müsste unser Produkt dann aussehen?

Strategievariante erzeugen:

Stell dir vor, wir hätten 2020 eine andere Strategie verfolgt: statt [Strategie A] → [Strategie B]. Wie hätte sich das entwickelt? Was wären die Risiken, Vorteile, unbeabsichtigten Effekte?

Workshop-Impulse

„Sliding Doors"-Story:
Jeder beschreibt eine kritische Entscheidung. GPT simuliert ein alternatives Szenario – dann reflektiert das Team.

Zukunft invertieren:
KI beschreibt ein Zukunftsbild. Team überlegt: *Was müsste passieren, damit das Gegenteil Realität wird?*

Business Model Flip:
GPT entwirft eine kontrafaktische Version des eigenen Unternehmens – andere Zielgruppe, anderes Angebot, andere Werte. Diskutieren: *Was davon ist überraschend attraktiv?*

Synergien mit anderen Methoden

Methode	Wirkung
Pre-Mortem	kontrafaktisch rückwärts gedacht: Was wäre, wenn's anders gelaufen wäre?

Thomas Gernbauer - Probleme methodisch lösen mit KI.

Methode	Wirkung
Inversion Thinking	kontrafaktisches Denken ist konkreter, weniger abstrakt
OODA-Loop	hilft, alternative Reaktionen zu simulieren
Blue Ocean Strategy	kontrafaktisch: Was wäre, wenn wir nie in diesen Markt gegangen wären?

Fazit: Wirklichkeit ist verhandelbar – im Denken

Kontrafaktisches Denken ist kein Rückblick mit Wehmut, sondern ein Instrument der **strategischen Reflexion und Gestaltung**. Mit KI wird daraus mehr als ein Gedankenexperiment – eine Art, alternative Zukünfte greifbar, diskutierbar und sogar vorbereitbar zu machen. Es ist Denken mit Tiefenschärfe – weil man es wagt, **die Realität neu zu schreiben**, um sie besser zu gestalten.

Kapitel 16: Denken in Zusammenhängen – Systemisches Denken & Causal Loop Diagrams

Verstehe, wie alles mit allem zusammenhängt – mit KI, die Muster erkennt, bevor du sie spürst.

Problemwelt & Relevanz

Viele Probleme wirken auf den ersten Blick **simpel**. Aber sobald du sie lösen willst, tauchen Nebenwirkungen auf:

Ein neues Bonusmodell verbessert die Effizienz – und zerstört die Teamkultur.

Du investierst in Marketing – und bekommst Rückläufer in der Logistik.

Du verkürzt die Lieferzeit – und erhöhst die Retourenquote.

Warum passiert das?

Weil wir oft **in Linien denken**, die Welt aber **in Kreisen funktioniert**.

Systemisches Denken hilft dir, **dynamische Wechselwirkungen zu erkennen**, **Rückkopplungen sichtbar zu machen**, und zu verstehen, warum manche Probleme trotz bester Maßnahmen **immer wiederkehren**.

Thomas Gernbauer - Probleme methodisch lösen mit KI.

Die Methode erklärt

Systemisches Denken heißt:

Nicht linear, sondern **vernetzt** denken

Nicht Ursache → Wirkung, sondern **Wirkung → Rückwirkung →** Verstärkung oder Dämpfung

Nicht Lösung = Eingriff, sondern: *„Welche Effekte hat mein Eingriff auf das ganze System?"*

Zentrales Werkzeug: Causal Loop Diagrams (CLD)

Das sind **visuelle Denkwerkzeuge**, mit denen du Ursachen, Wirkungen und ihre Rückkopplungen als Kreisläufe darstellst.

Es gibt zwei Grundtypen von Kreisen:

Typ	Wirkung
Verstärkende Schleife (R)	Je mehr, desto mehr (z. B. Wachstum → Umsatz → Investition → Wachstum…)
Stabilisierende Schleife (B)	Je mehr, desto weniger (z. B. Stress → Fehler → Kontrolle → weniger Stress)

CLDs helfen dir, in komplexen Situationen **nicht einzelne Symptome zu lösen**, sondern **Strukturen zu verändern**.

Thomas Gernbauer - Probleme methodisch lösen mit KI.

KI als Systemseherin

Künstliche Intelligenz ist ideal, um **versteckte Systemmuster sichtbar zu machen**. Sie erkennt in Texten, Daten, Prozessen oder Feedback:

Ursachenketten

Rückkopplungen

Verstärker und Bremsen

Systemische Konflikte

Leverage Points (Punkte mit maximalem Einfluss)

Anwendung	KI-Beitrag
Texte analysieren	GPT extrahiert implizite Ursache-Wirkungs-Beziehungen
Datenmodelle aufbauen	ML erkennt dynamische Muster & Rückkopplungsschleifen
Diagramme generieren	GPT beschreibt CLDs als strukturierte Listen – Notion, Miro, Loopy visualisieren
Systemfeedback simulieren	GPT zeigt: *„Was passiert, wenn wir an Punkt X drehen?"*

Praxisbeispiel: Mitarbeiterfluktuation in einem Health-Tech-Unternehmen

Situation:

Seit der Einführung agiler Teams nimmt die Fluktuation unter Seniors zu. Die Personalabteilung reagiert mit höheren Gehältern – doch das Problem verschärft sich.

GPT-generiertes Causal Loop-Diagramm:

Agiles Arbeiten → **mehr Selbstverantwortung**

Mehr Verantwortung → **Stress bei wenig Führungserfahrung**

Stress → **Unzufriedenheit + Fluktuation**

Fluktuation → **Mehr Arbeit für verbleibende**

Mehr Arbeit → **Noch mehr Stress** → Verstärkende Schleife (R1)

Parallel:

Mehr Gehalt → **Kurzfristige Motivation**

Motivation → **Höhere Erwartungshaltung**

Enttäuschung → **Abwanderung trotz Anreiz** → Verstärkende Schleife (R2)

Erkenntnis: Das Problem ist **nicht das Gehalt**, sondern **das fehlende Leadership-Coaching im agilen Setting**.

Detaillierte KI-Prompts für systemisches Denken & CLDs

Ursachen-Wirkungs-Ketten extrahieren:

Bitte analysiere folgende Beschreibung [Text] und extrahiere daraus die wichtigsten Ursache-Wirkung-Beziehungen. Identifiziere Rückkopplungsschleifen, Verstärkungen oder Dämpfungen.

Causal Loop Diagram beschreiben:

Erstelle eine strukturierte Beschreibung eines Causal Loop Diagramms für folgendes Problem: [Beschreibung]. Zeige mindestens eine verstärkende und eine stabilisierende Schleife mit ihren Elementen.

Systemische Intervention testen:

Ich plane folgende Maßnahme zur Problemlösung: [Beschreibung]. Welche systemischen Nebenwirkungen könnten daraus entstehen? Wie verändert sich das Gleichgewicht der bestehenden Schleifen?

Leverage Points erkennen:

Analysiere folgendes Systemmodell [Text/Beschreibung] und identifiziere die effektivsten Stellhebel (Leverage Points), um eine nachhaltige Veränderung zu bewirken.

Workshop-Impulse

Ketten bauen:

Team beschreibt ein Problem. GPT ergänzt Kausalketten und zeigt mögliche Rückkopplungen.

Systemmapping-Canvas mit GPT:

Auf einem Whiteboard entstehen Kreise – GPT kommentiert live: *„Aha! Das verstärkt sich gegenseitig...“*

Interventionsspiel:

GPT beschreibt 3 Eingriffe – das Team diskutiert systemische Folgen (auch die unbeabsichtigten).

Synergien mit anderen Methoden

Methode	Nutzen
Root Cause Analysis	RCA zeigt die Ursache – CLD zeigt die systemische Dynamik
OODA-Loop	Systemdenken verbessert die Orientierung und Antizipation
Decision Matrix	Hilft zu verstehen, **wo** eine Entscheidung systemisch wirkt

Thomas Gernbauer - Probleme methodisch lösen mit KI.

Methode	Nutzen
TRIZ	TRIZ löst Zielkonflikte – Systemdenken zeigt, **wie** sich die Lösung im System verteilt

Fazit: Wer Systeme versteht, verändert mehr als Symptome

Systemisches Denken ist wie eine Landkarte für komplexe Zusammenhänge. Wer nur auf einzelne Effekte schaut, übersieht die Rückkopplung. Wer aber das System erkennt, **kann an den richtigen Stellen drehen** – mit Wirkung, mit Tiefe, mit Nachhaltigkeit. KI ist dabei kein Orakel, sondern eine **Strukturverstärkerin** – für ein Denken, das nicht mehr linear, sondern lebendig wird.

Kapitel 17: Mit Hebel denken – Leverage Thinking

Finde die kleinsten Stellschrauben mit der größten Wirkung – mit KI als Radar für versteckte Einflussfaktoren.

Problemwelt & Relevanz

In komplexen Systemen glauben viele, man müsse **alles verändern**, um Wirkung zu erzielen. Doch in Wahrheit reicht oft ein **kleiner Eingriff an der richtigen Stelle** – wie ein gut gesetzter Hebel.

Dieses Prinzip ist nicht neu – schon **Archimedes** sagte:

„Gebt mir einen festen Punkt, und ich hebe die Welt aus den Angeln."

In Organisationen, Prozessen, Projekten oder Innovationen gilt dasselbe:
Wenn du weißt, **wo dein Hebel ist**, sparst du Energie, Ressourcen, Zeit – und erzeugst **maximale Wirkung mit minimaler Intervention.**

Leverage Thinking ist die Kunst, genau das herauszufinden.
Und KI? Sie wird hier zur brillanten **Musterseherin**, **Datenanalystin** und **Wirkungs-Simulatorin.**

Thomas Gernbauer - Probleme methodisch lösen mit KI.

Die Methode erklärt

Was ist ein „Leverage Point"?

Ein Punkt im System, an dem eine **kleine Veränderung eine große Wirkung entfaltet.**
Nicht jeder Hebel ist gleich wirksam – und nicht jeder offensichtlich.

Donella Meadows (Systemtheoretikerin) hat 12 Hebel identifiziert – darunter:

Parameter ändern (z. B. Preise, Budgets, Boni)

Informationsflüsse ändern (z. B. wer was wann weiß)

Regeln ändern (z. B. Entscheidungslogik, Hierarchien)

Systemstruktur verändern (z. B. wer mit wem wie interagiert)

Ziel des Systems ändern (z. B. statt Gewinn → Wirkung)

Denkparadigmen ändern (z. B. vom Kontroll- zum Lernsystem)

Je tiefer der Hebel im System greift, desto **wirksamer – aber auch sensibler** wird er.

Thomas Gernbauer - Probleme methodisch lösen mit KI.

KI als Leverage-Diagnostikerin

Künstliche Intelligenz ist in der Lage, **große Mengen komplexer Systemdaten** zu durchforsten und dabei genau jene Punkte zu erkennen, **an denen sich Hebelwirkung entfalten kann.**

Funktion	KI-Beitrag
Systemanalyse	GPT oder ML erkennt wiederkehrende Muster, Engpässe, Rückkopplungen
Priorisierung von Eingriffspunkten	KI bewertet: Was ist leicht änderbar, aber wirkungsstark?
Wirkungssimulation	GPT generiert „Was-wäre-wenn"-Szenarien bei Eingriffen in bestimmte Stellhebel
Meta-Reflexion	GPT erkennt Paradigmen, die das System prägen – z.□B. Kontrolllogik, Leistungsdenken etc.

Praxisbeispiel: Kundenzufriedenheit in einem Energieversorgungsunternehmen

Problem:

Kunden sind unzufrieden – trotz modernem Kundenportal, schneller Hotline und stabiler Versorgung. Der Net Promoter Score (NPS) stagniert.

Klassischer Reflex:

→ Mehr FAQ-Texte, neue Chatbots, Preisvorteile.

Leverage Thinking mit GPT:

Systemanalyse ergibt:

Kunden bemängeln *„Unnahbarkeit"*, *„Gefühl von Kälte"*, *„anonymes Service-Erlebnis"*

Interaktionen beginnen oft erst, wenn ein Problem auftritt → „Problemgetriebene Kommunikation"

Identifizierter Leverage Point:

→ **Informationsfluss umkehren & emotionalisieren**: proaktive, persönliche Kommunikation, bevor Probleme auftreten

Thomas Gernbauer - Probleme methodisch lösen mit KI.

Kleine Maßnahme:

GPT-gestützte Willkommensmails mit persönlicher Tonalität & regionalem Bezug

Predictive Service Calls bei erhöhtem Verbrauch vor Abrechnungszyklus

Feedback-Gespräche mit echten Menschen bei Tarifwechsel

Ergebnis:

→ NPS steigt um 14 Punkte in 3 Monaten – **ohne** Preisänderung, App-Relaunch oder Strukturumbau.

Nur: **ein kluger Hebel.**

Detaillierte KI-Prompts für Leverage Thinking

Engpassanalyse:

Bitte analysiere folgendes System/Projekt/Problem [Beschreibung]. Wo liegen wiederkehrende Muster, Engpässe oder Rückkopplungen? Welche davon könnten als Leverage Points wirken?

Eingriffe simulieren:

Ich überlege folgende Veränderung: [z. B. „Mitarbeiter können ihre Ziele selbst setzen"]. Was wären die potenziellen systemischen Wirkungen? Welche Nebenwirkungen könnten auftreten?

Wirkungsmatrix erstellen:

Erstelle eine Tabelle mit möglichen Eingriffspunkten im System [Beschreibung] und bewerte sie nach zwei Dimensionen: Hebelwirkung (hoch/mittel/niedrig) und Eingriffsaufwand (hoch/mittel/niedrig).

Tiefenhebel identifizieren:

Was ist die zugrunde liegende Logik oder Denkstruktur dieses Systems? Gibt es Paradigmen, die hinter Verhalten, Regeln oder Entscheidungen stehen? Wie könnte ein Paradigmenwechsel aussehen – und was würde sich dadurch verändern?

Workshop-Impulse

Leverage Radar:

Jeder im Team schlägt kleine Eingriffe vor. GPT analysiert deren Hebelwirkung – dann Diskussion: *Wo lohnt sich der erste Schritt wirklich?*

Systemkarten-Challenge:

Causal Loop Diagram + GPT: Markiere Hebelpunkte – GPT bewertet deren Wirkungswahrscheinlichkeit.

Meta-Level Shift:

GPT fragt: *„Was wäre, wenn ihr das Ziel eures Systems neu definiert?"* – Team denkt den Prozess komplett neu.

Synergien mit anderen Methoden

Methode	Wirkung
Systemisches Denken	Leverage ist die Anwendungsebene des systemischen Verstehens
OODA-Loop	Hebelpunkte beschleunigen Orientierung und Handlung
Decision Matrix	Hebelwirkung als Kriterium bei der Bewertung von Optionen
First Principles Thinking	Leverage = *Was ist das physikalische/strukturelle Schlüsselelement im System?*

Fazit: Große Wirkung braucht keinen großen Aufwand – nur den richtigen Punkt

Leverage Thinking verändert die Art, wie du auf Systeme, Projekte und Strategien blickst. Es ersetzt das „alles auf einmal" durch ein **präzises, effektives Handeln mit Systemverständnis**. KI wird hier zur brillanten Assistentin, die in der Tiefe erkennt, was oberflächlich nicht sichtbar ist. Und so wird aus einer Idee echte Wirkung – durch einen kleinen, klugen Hebel.

Kapitel 18: Denkfehler erkennen – Cognitive Bias Busting

Löse dich von unbewussten Verzerrungen – mit KI, die klar sieht, wenn du in die eigene Falle tappst.

Problemwelt & Relevanz

Wir alle treffen Entscheidungen. Täglich.
Strategisch, operativ, spontan – allein, im Team, unter Druck.

Und obwohl wir glauben, „rational" zu handeln, ist unser Denken durchzogen von **systematischen Denkfehlern**.
Kleine Abkürzungen, die uns helfen sollen – aber oft **genau das Gegenteil tun**:

Wir überschätzen unsere Fähigkeiten.

Wir ignorieren widersprüchliche Informationen.

Wir halten an falschen Ideen fest – nur weil wir viel investiert haben.

Wir denken in Gruppen lieber gleich – als klar.

Diese **Cognitive Biases** sind **nicht das Problem – sondern die Unsichtbarkeit davon**.
Deshalb ist das **Erkennen** dieser Biases so machtvoll. Und KI kann dir helfen, sie aufzudecken – mit Klarheit, Schnelligkeit und Schonungslosigkeit.

Was sind Cognitive Biases?

Systematische Verzerrungen im Denken, Wahrnehmen, Entscheiden.

Sie beruhen auf Heuristiken – also „Denkabkürzungen", die unser Gehirn nutzt, um mit Komplexität umzugehen.

Einige der wichtigsten Biases (Auswahl):

Bias	Beschreibung
Confirmation Bias	Wir suchen nur Informationen, die unsere Meinung bestätigen
Availability Bias	Was uns am leichtesten einfällt, halten wir für am wahrscheinlichsten
Anchoring	Wir orientieren uns an ersten Werten oder Informationen – selbst wenn sie irrelevant sind
Sunk Cost Fallacy	Wir bleiben bei Entscheidungen, weil wir schon investiert haben
Groupthink	Gruppen neigen zu Harmonie – nicht zur Wahrheit
Overconfidence Bias	Wir überschätzen unsere Fähigkeiten, unser Wissen, unsere Kontrolle

Thomas Gernbauer - Probleme methodisch lösen mit KI.

KI als Denkspiegel

Künstliche Intelligenz denkt nicht wie wir – das ist ihr Vorteil.
Sie ist **nicht emotionsgesteuert, nicht statusverhaftet, nicht verlustavers.**
Sie kann daher menschliche Denkfehler:

erkennen,

benennen,

simulieren,

und vor allem: **dagegensteuern.**

Einsatz	KI-Funktion
Argumente analysieren	GPT erkennt verzerrte Logik, z. B. Einseitigkeit, Zirkelschlüsse, fehlende Belege
Bias-Scanner	GPT markiert in Texten typische Denkfehler
Rollenspiele simulieren	KI übernimmt die „Gegenstimme", die im Team fehlt
Entscheidungen reflektieren	GPT stellt kritische Rückfragen – aus Bias-Sicht

Einsatz	KI-Funktion
Lernwerkzeug	GPT erklärt Biases mit Beispielen aus deinem Kontext

Praxisbeispiel: Produktentscheidung in einem Tech-Startup

Situation:

Das Team will ein neues Feature launchen. Der Product Owner ist begeistert – die Investoren auch. Erste Beta-Nutzer sind skeptisch.

Gefahrenzone:

Confirmation Bias: Team liest nur positives Feedback

Sunk Cost Fallacy: 3 Monate Entwicklungszeit → *„Wir können jetzt nicht abbrechen"*

Groupthink: Alle im Team wollen Harmonie – niemand will der Bremser sein

KI-gestützte Bias-Enttarnung:

GPT analysiert die Argumente in der Slack-Diskussion

Erkennt: 90 % beziehen sich auf dieselben Quellen

Simuliert Nutzerfeedback, das konträr zum Investoren-Narrativ ist

Bewertet Entscheidung: Hohe emotionale Verstrickung, wenig Datenbasis

Empfehlung: Mini-A/B-Test mit klarem Stop-Loss-Kriterium

Ergebnis: Entscheidung wird **nicht abgebrochen** – sondern **bewusst hinterfragt und besser abgesichert.**

Detaillierte KI-Prompts für Cognitive Bias Busting

Denkfehler in Texten erkennen:

Analysiere den folgenden Text / die folgende Argumentation [Text]. Welche kognitiven Verzerrungen könnten enthalten sein? Bitte benenne sie, erkläre sie kurz und gib Hinweise, wie man sie vermeiden kann.

Entscheidung entbiasen:

Wir stehen vor folgender Entscheidung: [Beschreibung]. Bitte prüfe sie auf mögliche Denkfehler (z. B. Sunk Cost, Overconfidence, Confirmation Bias). Welche Fragen sollten wir uns stellen, bevor wir fortfahren?

Bias-Reflexion im Team:

Erstelle ein Reflexions-Set für ein Teammeeting: 5 Fragen, um herauszufinden, ob im aktuellen Projekt Denkfehler oder blinde Flecken vorliegen – mit Fokus auf Gruppendynamik und Entscheidungskultur.

Thomas Gernbauer - Probleme methodisch lösen mit KI.

KI als Gegenstimme:

Spiele die Rolle eines kritischen, unvoreingenommenen Teammitglieds. Welche Fragen würdest du stellen, um unsere Annahmen und Argumente zu hinterfragen?

Workshop-Impulse

Bias-Detektiv:

GPT zeigt anonymisierte Entscheidungs-Dialoge – das Team soll die Biases erkennen.

Rollentausch:

GPT übernimmt die Rolle eines Risikomanagers / Investors / Kunden – stellt unbequeme Fragen, die im Team oft fehlen.

Bias-Bingo:

Während eines Meetings laufen Bias-Karten mit GPT-Unterstützung mit – wer ein Muster erkennt, sagt Stopp. Danach: Diskussion.

Synergien mit anderen Methoden

Methode	Wirkung
Decision Matrix	Hilft, Entscheidungen transparenter zu machen – Biases gefährden diese Klarheit
OODA-Loop	Biases stören „Orient"-Phase – GPT hilft beim Korrigieren

Methode	Wirkung
Inversion Thinking	Verhindert Denkfehler durch Perspektivwechsel
First Principles	Bias Busting hilft, echte First Principles freizulegen

Fazit: Klarheit beginnt im Kopf

Cognitive Bias Busting ist wie der Hausputz deines Denkens: Du erkennst, wo du dir selbst im Weg stehst – und wo du klarer, mutiger, fundierter denken kannst. Mit KI bekommst du eine **neutrale, scharfsichtige Begleiterin**, die keine Angst hat, dir zu widersprechen – und genau deshalb so wertvoll ist.

Kapitel 19: Verhalten lenken statt überzeugen – Nudging & Entscheidungsarchitektur

Verändere Entscheidungen durch kluge Gestaltung – mit KI als Architektin der Wahlfreiheit.

Problemwelt & Relevanz

Menschen handeln selten rational.
Das haben wir gerade bei den **Cognitive Biases** gesehen.

Sie handeln **emotional, kontextbezogen, situativ** – oft ohne sich dessen bewusst zu sein.

In Organisationen, Produkten, Services oder öffentlichen Systemen ist das ein riesiger Hebel.
Denn statt mit noch mehr Informationen, Appellen oder Kontrolle zu arbeiten, können wir:

*Die Entscheidungssituation selbst so gestalten, dass gewünschtes Verhalten **wahrscheinlicher** wird – ohne Zwang.*

Das ist das Prinzip von **Nudging**: kleine Anstupser, die den Pfad der Entscheidung so verändern, dass Menschen **automatisch bessere oder gewünschte Entscheidungen treffen**.

Ein Nudging-System ist also keine Manipulation, sondern eine **wohlwollende Entscheidungsarchitektur**.

Thomas Gernbauer - Probleme methodisch lösen mit KI.

Mit KI wird daraus ein präzises, datenbasiertes Werkzeug zur Verhaltensinnovation.

Die Methode erklärt

Nudging bedeutet:

Verhalten beeinflussen durch Kontextgestaltung, ohne Optionen einzuschränken.

Begründer: **Richard Thaler & Cass Sunstein**, Verhaltensökonomen und Autoren von *Nudge*.

Prinzipien:

Default-Effekt: Was voreingestellt ist, wird meist nicht verändert

Salienz erhöhen: Was sichtbar, einfach, präsent ist, wird eher genutzt

Feedback geben: Reaktionen zeigen → Verhalten verstärken

Social Proof: Was andere tun, beeinflusst mein Verhalten

Friction reduzieren oder erzeugen: Hürden senken oder erhöhen

KI als Entscheidungsarchitektin

Künstliche Intelligenz kann nicht nur analysieren, wie Menschen entscheiden – sie kann auch:

Funktion	Anwendung
Datenbasierte Entscheidungsprofile erstellen	GPT erkennt, wie Nutzer:innen Entscheidungen treffen – aus Sprache, Verhalten, Kontext
Nudges simulieren	KI testet Wirkung von verschiedenen Nudges (Text, Design, Timing, Reihenfolge)
Verhalten vorhersagen	ML-Modelle prognostizieren, welche Entscheidung bei welchem Setup wahrscheinlich ist
Persönlichkeitsangepasste Ansprache generieren	GPT erzeugt Varianten je nach Zielgruppe, Emotion, Entscheidungslogik

Praxisbeispiel: Nachhaltigkeitsverhalten in einem Stadtwerk

Ziel:

Mehr Haushalte sollen auf den Ökostromtarif wechseln – freiwillig, ohne aggressive Werbung.

Thomas Gernbauer - Probleme methodisch lösen mit KI.

Klassischer Ansatz:

Infokampagne mit Flyern

Bonuszahlung von 20 € bei Umstieg

→ Ergebnis: 2□% Wechselrate

Nudging + KI-Ansatz:

Standard ändern:

→ Ökostrom wird zum Default bei Neuverträgen

→ KI erzeugt verständlichen Text: *„Der umweltfreundliche Tarif ist voreingestellt – Sie können natürlich jederzeit wechseln."*

Social Proof einsetzen:

→ GPT-generierte Mitteilung:

„Bereits 64□% Ihrer Nachbar:innen im Viertel Nord haben Ökostrom gewählt."

Microcopy optimieren:

→ Sprachliche Variante in der Kunden-App:

„Mit Ihrer Wahl sparen Sie jährlich so viel CO_2 wie ein Flug von Wien nach Paris – wollen Sie das?"

Ergebnis:

→ Wechselrate steigt auf 37□% in drei Monaten

→ Kein Zwang, keine Rabattschlacht – nur **kluge**
Entscheidungsarchitektur

Detaillierte KI-Prompts für Nudging & Entscheidungsarchitektur

Entscheidungsverhalten analysieren:

Bitte analysiere folgende Entscheidungssituation [Beschreibung]. Welche psychologischen oder verhaltensökonomischen Faktoren beeinflussen hier das Verhalten der Zielgruppe? Wo könnten Nudges wirksam sein?

Nudge-Ideen generieren:

Ich möchte das Verhalten in folgender Situation beeinflussen: [Ziel + Kontext]. Bitte schlage 5 Nudging-Ideen vor – je mit Erklärung, warum sie wirksam sein könnten.

Varianten für Zielgruppenansprache:

Erstelle drei Versionen folgender Botschaft [Text] – je zugeschnitten auf: 1) rationale Entscheider, 2) emotionale Entscheider, 3) sozial geprägte Entscheider.

Entscheidungsarchitektur redesignen:

Hier ist der aktuelle Entscheidungsprozess: [Ablauf]. Bitte schlage strukturelle und sprachliche Änderungen vor, um gewünschtes Verhalten wahrscheinlicher zu machen – ohne Zwang.

Workshop-Impulse

Bias → Nudge-Mapping:

Das Team identifiziert typische Denkverzerrungen – GPT schlägt passende Nudges vor, um sie positiv zu lenken.

Default-Reise:

Was sind die impliziten Voreinstellungen in deinem Prozess? GPT macht sie sichtbar – und zeigt Alternativen.

A/B-Rhetorik:

GPT generiert zwei Varianten einer Botschaft – Team testet live: Welche erzeugt das gewünschte Verhalten?

Synergien mit anderen Methoden

Methode	Wirkung
Cognitive Bias Busting	Erkennt Verzerrungen – Nudging lenkt sie gezielt
OODA-Loop	„Act"-Phase wird durch Entscheidungsarchitektur geschärft
Prototyping	Nudging-Ideen lassen sich schnell testen und iterieren

Methode	Wirkung
Systemisches Denken	Nudges wirken im Mikrosystem – mit Makroeffekten

Fazit: Verhalten ist formbar – mit Feingefühl und Design

Nudging ist stille Kraft. Es zeigt, dass große Veränderungen nicht laut, teuer oder autoritär sein müssen – sondern **intelligent, psychologisch und empathisch**. Mit KI wird daraus ein präzises Handwerkszeug, das nicht manipuliert, sondern **ermöglicht** – und dir hilft, bessere Entscheidungen einfacher, natürlicher und wahrscheinlicher zu machen.

Abschnitt III: Orientierung schaffen & kollektive Intelligenz nutzen

Kapitel 20: Verstehen, wofür Menschen wirklich „einkaufen" – Jobs to Be Done

Entdecke die wahren Aufgaben hinter Kaufentscheidungen – mit KI, die Bedürfnisse aus Nutzerverhalten liest.

Problemwelt & Relevanz

Unternehmen bauen Produkte.

Kund:innen kaufen Lösungen.

Aber nicht für das Produkt – sondern für **die Aufgabe, die sie erledigen wollen**.

Beispiel:

Niemand will einen Akkubohrer.

Menschen wollen ein Loch in der Wand.

Oder ein Regal aufhängen.

Oder Ordnung schaffen.

Oder die Anerkennung, es selbst gemacht zu haben.

Menschen „heuern" Produkte, Services, Marken, Prozesse an – um bestimmte „Jobs" in ihrem Leben zu erledigen.

Das ist der Kern des **Jobs to Be Done Frameworks** (JTBD), bekannt gemacht durch **Clayton Christensen**.

Es hilft dir, **hinter die Oberfläche von Verhalten zu blicken** – und Produkte zu entwickeln, die wirklich gebraucht werden, **weil sie reale Jobs erledigen**, die sonst unbewältigt bleiben.

Die Methode erklärt

Jobs to Be Done fragt:

„Welche Aufgabe versucht die Person gerade in ihrem Leben zu bewältigen – und wie hilft mein Produkt dabei (oder eben nicht)?"

Es geht **nicht** um „Was will der Kunde?"
Sondern: *„ Was versucht er zu erreichen, zu vermeiden, zu verändern – und warum genau jetzt?"*

JTBD unterscheidet:

Typ	Beschreibung
Funktionale Jobs	Etwas erledigen, erreichen, vereinfachen (z. B. „schnell zur Arbeit kommen")
Emotionale Jobs	Sich gut fühlen, dazugehören, Kontrolle gewinnen („nicht wie ein Idiot im Zug stehen")
Soziale Jobs	Eindruck machen, dazugehören, Erwartungen erfüllen („zeigen, dass ich umweltbewusst bin")

Thomas Gernbauer - Probleme methodisch lösen mit KI.

KI als Jobs-Erkennerin

KI ist perfekt, um JTBD zu skalieren und zu schärfen:

Einsatz	KI-Beitrag
Interviews analysieren	GPT extrahiert latente Bedürfnisse aus Nutzertexten
Verhaltensmuster clustern	GPT erkennt wiederkehrende „Job-Muster" in Feedback, Bewertungen, Foren
Jobs-Formulierungen erzeugen	GPT formuliert Jobs klar, prägnant, emotional und funktional
Produkt-Match	GPT bewertet: Wie gut erfüllt unser Angebot den Job?

KI-gesteuerte JTBD-Skalierung

 Bedürfnisse extrahieren
KI identifiziert latente Bedürfnisse aus Nutzertexten

 Muster clustern
KI erkennt wiederkehrende Job-Muster

 Jobs formulieren
KI formuliert Jobs klar und prägnant

 Produkt-Match
KI bewertet, wie gut Produkte Jobs erfüllen

Made with Napkin

Praxisbeispiel: Versicherungs-App für Selbstständige

Problem:

Niedrige Nutzung der App-Funktion zur „Einkommensabsicherung".

Klassische Sicht:

→ Zielgruppe versteht Funktion nicht

→ Erklärvideo hinzufügen

JTBD-Analyse mit GPT:

Analyse von App-Bewertungen, Support-Calls, Umfragen

GPT extrahiert: Nutzer sehen sich **nicht als klassisch „krankheitsanfällig"** – sondern haben Angst vor **Auftragslücken**

GPT formuliert Job:

„Wenn ich mal zwei Wochen keine Projekte habe, will ich trotzdem ruhig schlafen können – ohne in Panik zu geraten."

Produkt wird **umbenannt**:

→ von *„Krankentagegeld"* zu *„Einkommens-Puffer bei Auftragsflaute"*

Kommunikation überarbeitet:

→ „Nicht krank? Trotzdem mal ohne Einkommen? Dafür gibt's den Puffer."

Ergebnis: Nutzung +38□% in 2 Monaten.

→ Nur durch den **richtigen Job** – nicht mehr Erklärung.

Detaillierte KI-Prompts für Jobs to Be Done

Jobs aus Feedback extrahieren:

Analysiere folgendes Kundenfeedback / Interview / Rezension [Text]. Welche „Jobs" versucht diese Person zu erledigen? Bitte unterscheide zwischen funktional, emotional und sozial.

Job-Formulierung erzeugen:

Hier ist eine Zielgruppe: [Beschreibung]. Und hier ist eine Problemsituation: [Situation]. Bitte formuliere den zugrunde liegenden Job to Be Done – funktional, emotional und sozial.

Produkt-JTBD-Match prüfen:

Unser Produkt: [Beschreibung]. Welche Jobs erfüllt es gut – und welche nicht? Was könnten wir hinzufügen oder umformulieren, um es attraktiver zu machen?

Job-zentrierte Innovation:

Hier ist ein Job to Be Done: [Job]. Bitte entwickle 3 innovative Produkt- oder Serviceideen, die diesen Job besser, einfacher oder emotionaler lösen als bestehende Lösungen.

Workshop-Impulse

„Hire & Fire":

Teilnehmende beschreiben, warum sie ein Produkt „angeheuert" oder „gefeuert" haben – GPT übersetzt das in JTBD-Formulierungen.

Jobs aus Bewertungen:

GPT analysiert Amazon-, App-Store- oder Trustpilot-Rezensionen – Team sammelt die darin versteckten Jobs.

Job-Wettbewerb:

Mehrere Produkte erfüllen denselben Job – GPT vergleicht: Wer macht's am besten? Wo ist Luft nach oben?

Synergien mit anderen Methoden

Methode	Wirkung
Nudging	JTBD liefert die Motive – Nudging gestaltet den Weg dahin
Prototyping	Jobs geben Orientierung für funktionale Tests
Systemisches Denken	Jobs zeigen, wo im System Menschen scheitern oder Erfolg suchen
First Principles	JTBD konkretisiert die menschliche Komponente im First Principles Framework

✦ **Fazit: Menschen kaufen keine Produkte – sie mieten Lösungen**

Jobs to Be Done ist nicht nur eine Methode – es ist ein Perspektivwechsel.

Weg von Produktzentrierung, hin zu **Problemzentrierung mit Lösungspotenzial**.

Mit KI wird aus Interviews, Texten und Verhalten **sichtbar, was wirklich zählt** – nicht, was gesagt wird, sondern was gebraucht wird.

Und daraus entstehen nicht nur bessere Angebote – sondern **wirkliche Erleichterungen im Leben echter Menschen.**

Bonus-Kapitel 21: Aus Komplexität Bedeutung machen – Sensemaking

Wenn die Welt widersprüchlich wird, hilft Orientierung durch kollektives Verstehen – mit KI als Musterfinderin und Resonanzraum.

Problemwelt & Relevanz

In vielen Situationen ist das eigentliche Problem: **Wir wissen nicht genau, womit wir es zu tun haben.**

– Daten widersprechen sich

– Perspektiven kollidieren

– Gefühle sind diffus

– Entscheidungen wirken intuitiv, nicht fundiert

Willkommen in der Welt der **Komplexität, Unsicherheit, Mehrdeutigkeit**.

Hier reicht kein einfacher Entscheidungsbaum.
Hier braucht es **Sensemaking** – die Kunst, aus ungeordneten Informationen, Eindrücken und Signalen **Sinn zu erzeugen**. Und genau das tun erfolgreiche Teams, Führungskräfte, Forschende und Innovator:innen intuitiv – oder strukturiert.

Thomas Gernbauer - Probleme methodisch lösen mit KI.

Die Methode erklärt

Sensemaking bedeutet:

„Verstehen, was passiert – während es passiert."

Es ist ein **sozialer, kognitiver, iterativer Prozess**, in dem Menschen gemeinsam:

Muster in Chaos erkennen

Widersprüche aushalten und deuten

Perspektiven verknüpfen

Bedeutung konstruieren, um handlungsfähig zu werden

Berühmt gemacht u. □a. durch **Karl Weick**, wird Sensemaking heute in der VUCA-Welt (volatil, ungewiss, komplex, ambig) **immer wichtiger** – vor allem im Zusammenspiel mit KI.

KI als Sensemaking-Verstärkerin

KI kann zwar nicht „Sinn machen" im menschlichen Sinn – aber sie kann:

Einsatz	Unterstützung durch KI
Perspektiven sichtbar machen	GPT clustert Aussagen, erkennt Meinungsvielfalt, Spannungen, Widersprüche

Thomas Gernbauer - Probleme methodisch lösen mit KI.

Einsatz	Unterstützung durch KI
Muster erkennen	KI findet wiederkehrende Narrative in Texten, Feedback, Meeting-Protokollen
Hypothesen generieren	GPT schlägt Deutungen, Storylines, alternative Lesarten vor
Diskursräume schaffen	GPT simuliert Stakeholder-Stimmen, Argumentationslinien, Rollenvielfalt

Praxisbeispiel: Strategieprozess in einem Bildungsunternehmen

Problem:

Die Organisation steht vor einem Richtungswechsel – zwischen Digitalisierung, Präsenzlehre und Kostendruck.
Kein Konsens, viele Sorgen, diffuse Ziele.

Sensemaking-Prozess:

GPT analysiert 60 interne Interviews

Cluster: *Technik-Enthusiasten, Veränderungs-Müde, Innovationsskeptiker, Strategie-Nomaden*

GPT erstellt exemplarische Personas, Erzählmuster und Widerspruchslinien

Workshop: Das Team „übersetzt" die Muster in Narrative

Thomas Gernbauer - Probleme methodisch lösen mit KI.

Gemeinsames Story-Mapping: *Was ist eigentlich unser Bild der Zukunft – trotz Unklarheit?*

Ergebnis:
Kein klarer Plan – aber **gemeinsame Sprache, Vertrauen, Bewegungsrichtung.**
Und das reicht oft schon, um loszugehen.

Detaillierte KI-Prompts für Sensemaking

Perspektiven clustern:

Hier sind verschiedene Aussagen / Texte / Interviews [Input]. Bitte finde wiederkehrende Muster, Spannungen, Widersprüche und Gruppierungen – ohne sie zu bewerten.

Bedeutung verdichten:

Diese Aussagen scheinen sich zu widersprechen: [Liste]. Bitte gib mir 3 mögliche Lesarten, wie beide trotzdem gleichzeitig wahr sein könnten – als Hypothesen.

Narrativ finden:

Erzeuge aus folgender Datenlage / Stimmungslage / Konfliktsituation ein kohärentes Narrativ: Was ist die zugrunde liegende Geschichte, die wir uns über uns selbst erzählen – und wie ließe sie sich neu schreiben?

Handlungsoptionen aus Deutung:

Basierend auf folgendem kollektiven Sensemaking-Prozess [Beschreibung] – was könnten erste kleine Handlungen sein, die symbolisch und systemisch anschlussfähig wären?

Workshop-Impulse

Multistimmen-Check:

GPT simuliert 5 unterschiedliche Perspektiven auf denselben Sachverhalt – Team reflektiert: *Wo ist mein eigener blinder Fleck?*

Meaning-Mapping:

Cluster von Aussagen werden auf einem Canvas in Beziehungsräume gebracht – GPT liefert alternative Deutungsmuster.

Story-Looping:

GPT beginnt mit einer These („Wir haben Angst vor Veränderung, weil...") – das Team ergänzt, dreht, hinterfragt und rekonstruiert.

Synergien mit anderen Methoden

Methode	Wirkung
Root Cause Analysis	Sensemaking erkennt Muster **vor** der Analyse
Systemisches Denken	Sensemaking fragt: *Wie erleben Menschen das System?*

Methode	Wirkung
Kontrafaktisches Denken	Sensemaking integriert alternative Deutungen in kollektives Verständnis
OODA-Loop	„Observe" + „Orient" werden durch Sensemaking geschärft

Fazit: Wenn du nicht weißt, was du siehst – fang an, Sinn zu machen

Sensemaking ist keine Methode mit Anfang und Ende. Es ist ein **Kulturprozess des gemeinsamen Verstehens** – besonders wichtig, wenn Fakten allein nicht reichen. KI kann hier **strukturieren, spiegeln und öffnen** – aber die Deutung, das Vertrauen, die Bewegung: Die entstehen **zwischen Menschen**.

Anhang A: KI-Prompt-Bibliothek nach Methoden

1. Problem Reframing

Formuliere 3 alternative Perspektiven auf folgendes Problem: [Beschreibung]. Gib mir neue, überraschende Fragen, die helfen könnten, das Thema anders zu sehen.

Was könnte dieses Problem aus Sicht von [Stakeholder X] bedeuten – emotional, strategisch, operativ?

2. TRIZ

Das Problem: [Beschreibung]. Bitte identifiziere den Hauptwiderspruch und schlage 3 kreative Lösungen nach TRIZ-Prinzipien vor.

Welche TRIZ-Innovationsmuster könnten helfen, folgenden Zielkonflikt zu lösen: [Konflikt]?

3. First Principles Thinking

Zerlege folgendes Thema in seine First Principles: [Problem / Annahme]. Was sind die grundlegendsten Wahrheiten und Variablen?

Was wären radikal neue Lösungen, wenn wir alle bisherigen Annahmen über [Thema] vergessen würden?

4. SCAMPER

Hier ist mein Produkt / meine Idee: [Beschreibung]. Bitte generiere je 1 Idee zu jedem SCAMPER-Buchstaben.

Wende SCAMPER auf folgendes Serviceangebot an und liste je 2 Ideen pro Kategorie.

5. Decision Matrix

Ich habe folgende Optionen: [Liste]. Und folgende Bewertungskriterien mit Gewichtung: [Liste]. Bitte erstelle eine Entscheidungsmatrix und identifiziere die beste Wahl.

Wie verändert sich die Entscheidung, wenn Kriterium X doppelt gewichtet wird?

6. OODA-Loop

Bitte simuliere den OODA-Loop für folgende Situation: [Beschreibung]. Gib mir Vorschläge für jede Phase: Observe, Orient, Decide, Act.

Welche Erkenntnisse lassen sich aus folgenden Beobachtungsdaten ableiten – und wie könnten darauf passende Entscheidungen folgen?

7. Prototyping

Ich habe folgende Idee: [Beschreibung]. Bitte entwickle ein Storyboard mit 5–7 Screens oder Stationen und beschreibe Inhalt und Ziel je Schritt.

Wie würde ein schneller, risikoarmer Prototyp für folgende Idee aussehen – mit Feedbackpunkten?

8. Blue Ocean Strategy

Wende das 4 Actions Framework auf dieses Geschäftsmodell an: [Beschreibung]. Eliminiere, reduziere, erhöhe, schaffe.

Welche unbedienten Kundenbedürfnisse oder Marktbereiche erkennst du in [Branche / Markt]?

9. Root Cause Analysis

Führe eine 5-Why-Analyse durch zu folgendem Problem: [Beschreibung]. Baue logisch auf jeder Antwort auf.

Analysiere diese Liste an Symptomen und finde systemische Ursachencluster: [Liste].

10. Pre-Mortem Thinking

Stell dir vor, das Projekt ist in 6 Monaten gescheitert. Was könnten realistische Gründe dafür sein – technisch, strategisch, menschlich?

Welche Frühwarnzeichen könnten darauf hinweisen, dass eines dieser Risiken eintritt?

11. Inversion Thinking

Wie müsste ich folgendes Vorhaben absichtlich scheitern lassen: [Beschreibung]? Welche 5 „Fehler" wären dafür am effektivsten?

Welche davon passieren möglicherweise sogar unbewusst – und wie könnte ich sie verhindern?

12. Laterales Denken

Verbinde dieses zufällige Wort [z. B. „Theater"] mit folgendem Geschäftsproblem: [Beschreibung]. Was für Ideen oder Analogien entstehen?

Spiele die Rolle eines Kindes / Künstlers / Roboters. Wie würdest du folgendes Problem lösen: [Beschreibung]?

13. Kontrafaktisches Denken

Was wäre passiert, wenn wir uns 2020 **nicht** für [Strategie A], sondern für [Strategie B] entschieden hätten?

Was wäre, wenn unsere wichtigste Marktannahme plötzlich nicht mehr gültig wäre – wie müssten wir handeln?

14. Systemisches Denken / CLD

Erstelle ein Causal Loop Diagram für folgendes Problem: [Beschreibung]. Zeige Verstärkungs- und Ausgleichsschleifen.

Welche systemischen Nebenwirkungen könnte folgende Intervention verursachen: [Maßnahme]?

15. Leverage Thinking

Analysiere dieses System [Beschreibung]. Wo befinden sich kleine Stellpunkte mit potenziell großer Wirkung (Leverage Points)?

Bewerte folgende Hebeloptionen nach Aufwand und Hebelwirkung: [Liste].

16. Cognitive Bias Busting

Analysiere diese Argumentation / Entscheidung auf mögliche Denkfehler (z. B. Bestätigungsfehler, Overconfidence): [Text].

Welche Fragen sollten wir uns stellen, um sicherzustellen, dass unsere Entscheidung nicht durch kognitive Verzerrungen beeinflusst ist?

17. Nudging & Entscheidungsarchitektur

Wie kann ich folgende Entscheidungssituation so gestalten, dass gewünschtes Verhalten wahrscheinlicher wird – ohne Zwang?

Schlage mir 3 Nudging-Ideen vor, um [Verhalten X] in Situation [Y] zu fördern.

18. Jobs to Be Done

Welche funktionalen, emotionalen und sozialen Jobs stecken hinter folgendem Nutzerverhalten / Feedback: [Text]?

Unser Produkt: [Beschreibung]. Welche Jobs erfüllt es? Wo gibt es Lücken oder Missverständnisse?

19. Sensemaking *(Bonuskapitel)*

Bitte clustere folgende Aussagen / Eindrücke in bedeutungsvolle Muster. Welche Spannungen, Widersprüche oder verborgenen Narrative erkennst du?

Was ist eine mögliche gemeinsame Deutung dieser Situation – trotz widersprüchlicher Sichtweisen?

20. KI als Denkpartner & Methodenintegration

Ich habe diese 3 Methoden angewendet: [Liste]. Wie kann ich die Erkenntnisse miteinander verknüpfen – und was fehlt möglicherweise noch?

Welche Methode wäre am besten geeignet für folgende Problemstellung: [Beschreibung] – und warum?

Anhang B – Arbeitsmaterialien, Orientierungshilfen & Ressourcen

Sie sind **kurz, praxisnah, selbsterklärend** und orientieren sich an einem klaren Ablauf:

Workshop-Checklisten – Probleme lösen mit KI

Jede Methode wird durch 4 Schritte begleitet:

Vorbereitung

Ablauf

Typische GPT-Einsätze

Reflexion & Transfer

1. Problem Reframing

Ziel: Das Problem aus ungewohnten Blickwinkeln neu denken.

Vorbereitung:

Flipchart oder Canvas bereitstellen

Stakeholder-Brille(n) definieren (z. B. Kunde, Wettbewerber, Zukunft)

Ursprüngliche Problemformulierung visualisieren

Thomas Gernbauer - Probleme methodisch lösen mit KI.

Ablauf:

Problem beschreiben lassen („Wie würden es Betroffene formulieren?")

Perspektiven durchspielen: *„ Was würde X dazu sagen? "*

Neue Fragen formulieren, statt direkt zu lösen

GPT-Einsatz:

Prompt: *„ Gib mir 3 alternative Sichtweisen auf dieses Problem. "*

„ Wie könnte ein:e Nutzer:in in 5 Jahren darüber denken? "

Reflexion:

Was hat sich verändert – Sprache, Haltung, Priorität?

Welche neue Leitfrage ergibt sich daraus?

2. TRIZ-Konflikt-Matrix

Ziel: Zielkonflikte systematisch auflösen.

Vorbereitung:

TRIZ-Prinzipienliste bereitlegen

Konflikt formulieren („Wir wollen A, aber dadurch passiert B…")

Ablauf:

Wünschenswertes Ergebnis vs. unerwünschte Nebenwirkung benennen

Matrix nutzen oder GPT um Prinzipvorschläge bitten

Lösungsideen zu jedem Prinzip skizzieren

GPT-Einsatz:

Prompt: *„Welches TRIZ-Prinzip könnte diesen Widerspruch lösen?"*

„Gib mir ein Beispiel aus [Branche] für Prinzip X."

Reflexion:

Welche Idee war überraschend?

Wie wirkt sich das Prinzip auf andere Bereiche aus?

3. Jobs-to-be-Done

Ziel: Den wahren Zweck einer Entscheidung verstehen.

Vorbereitung:

Personas oder reale Kund:innen vorbereiten

Situationen beschreiben lassen

Ablauf:

Lebenskontext des Users klären

Funktionale, emotionale, soziale Jobs formulieren

„Heuristik der Beauftragung": Warum genau dieses Produkt?

GPT-Einsatz:

Prompt: *„Was könnte der eigentliche Job hinter dieser Handlung sein?"*

„Welche Alternativen gibt es zur Job-Erfüllung?"

Reflexion:

Was wäre ein besseres „Produkt" für diesen Job?

Ist der Job heute überhaupt noch aktuell?

4. Causal Loop Sketch

Ziel: Systemverhalten verstehen, Rückkopplungen erkennen.

🔧 **Vorbereitung:**

Moderationskarten oder Miro-Board

Startvariable oder Symptom definieren

Ablauf:

Elemente aufschreiben, Verbindungen setzen (+/–)

Schleifen benennen (Verstärkung / Ausgleich)

Hebel oder Engpässe suchen

GPT-Einsatz:

Prompt: *„Welche Rückkopplungen erkennst du in dieser Beschreibung?"*

„Welche Folgeeffekte könnte eine Intervention X haben?"

Reflexion:

Wo sitzt die größte Systemspannung?

Was verändert sich bei Eingriff A wirklich?

5. Bias Reflection

Ziel: Denkfehler sichtbar machen und neutralisieren.

Vorbereitung:

Liste kognitiver Verzerrungen bereitstellen

Entscheidung oder Argumentationslinie mitbringen

Ablauf:

Diskussion führen lassen

Typische Verzerrungen markieren (Confirmation Bias, Anchoring…)

Alternativsicht fördern (Gegenbeispiel, Role Flip)

GPT-Einsatz:

Prompt: *„Welche Biases erkennst du in dieser Argumentation?"*

„Was wäre ein Gegenargument ohne diesen Bias?"

Reflexion:

Welche Denkfalle begegnet uns regelmäßig?

Thomas Gernbauer - Probleme methodisch lösen mit KI.

Wie sichern wir künftig besser ab?

6. Prototyping-Storyboard

Ziel: Idee konkretisieren, Nutzertest simulieren.

Vorbereitung:

DIN-A3-Vorlage oder Whiteboard

Ziel und Nutzer definieren

Ablauf:

Schritte/Interaktionen zeichnen

Hypothese je Schritt formulieren

Feedbackpunkte markieren

GPT-Einsatz:

Prompt: *„Wie würde ein:e Nutzer:in auf diesen Ablauf reagieren?"*

„Wo könnten Missverständnisse auftreten?"

Reflexion:

Was lernen wir über Annahmen?

Was testen wir als Nächstes?

7. Sensemaking Clusterkarte

Ziel: Gemeinsames Deuten von Vielfalt und Mehrdeutigkeit.

Thomas Gernbauer - Probleme methodisch lösen mit KI.

Vorbereitung:

Aussagen/Beobachtungen auf Karten schreiben

Themencluster markieren lassen

Ablauf:

Zitate/Aussagen sammeln

Gruppieren, benennen, Lücken erkennen

Gemeinsam eine Deutung formulieren

GPT-Einsatz:

Prompt: *„Welche Narrative oder Spannungen erkennst du in diesen Clustern?"*

Reflexion:

Was war überraschend?

Was wollen wir kollektiv verstehen – nicht nur entscheiden?

Abschlussmodul (für alle Formate)

Was nehmen wir mit?

Eine Methode, die ich morgen einsetzen will:

Eine Erkenntnis, die hängen bleibt:

Ein Prompt, der mich überrascht hat:

Thomas Gernbauer - Probleme methodisch lösen mit KI.

Method Mapping – Pfadfinder durch die Komplexität

Ein visuelles System, um:

Die richtige Methode zu wählen, je nach Problemtyp

Methoden sinnvoll zu kombinieren

Den **kompletten Problemlöseprozess modular zu gestalten**

Problemtyp → Methodenempfehlung:

Problem	Methoden
Unklar, was das Problem ist	Reframing, RCA, First Principles, Sensemaking
Viele Optionen, Entscheidung schwer	Decision Matrix, OODA, Inversion Thinking
Kreativlösung gesucht	SCAMPER, Laterales Denken, TRIZ
Kundennutzen unklar	JTBD, Nudging, Blue Ocean
Systemverhalten verstehen	Systemisches Denken, CLD, Leverage
Zukunftsszenario durchdenken	Pre-Mortem, Kontrafaktisch, OODA

Problem	Methoden
Bewusstsein für Denkfehler	Bias Busting, Inversion, GPT-Rollenspiele

Tools & KI-Plattformen

Hier eine Liste relevanter KI-Werkzeuge und Plattformen, mit denen du die Methoden aus dem Buch auch umsetzen kannst.

Sprachbasierte Assistenz (GPT-Alternativen)

Claude (Anthropic) – besonders stark im sensiblen Sprachumgang

Mistral / Mixtral – quelloffene Sprachmodelle für interne Systeme

Perplexity – KI mit integriertem Echtzeit-Recherchefokus

Notion AI – für kollaboratives Schreiben, Reflektieren, Clustern

Visuelles & Prototyping

Uizard – Low-Code-Prototypen aus Text

Figma AI – UI-Design + KI-gestützte Screens

Whimsical / Miro AI – für CLDs, Mapping, Storyboards

Analyse & Mapping

MonkeyLearn – Textklassifikation, Stimmungsanalyse

Loopy – causal loop diagrams spielerisch gestalten

Kumu.io – komplexe Beziehungsnetzwerke modellieren

Text- & Feedbackanalyse

Typeform mit GPT-Plugin – Feedback erfassen + direkt analysieren

Delve / Dovetail – Interviewanalyse mit KI

Tactiq / Otter.ai – Gesprächs-Transkription und GPT-Auswertung

Alle Tools sind ergänzbar, unabhängig vom GPT-Ökosystem – und mit jedem Update flexibel austauschbar.

Eine strukturierte Zuordnung – Methodenschritte ↔ KI-Unterstützung

1. Problem Reframing

Ziel: Das Problem aus neuen Blickwinkeln erkennen

Schritt	Passendes KI-Tool	Nutzen
Problemtext analysieren	**ChatGPT / Claude**	Alternative Fragestellungen generieren
Perspektivwechsel simulieren	**Character.AI / Poe.com**	Dialog mit hypothetischen Stakeholdern
Reframe-Matrix generieren	**Notion AI / Cogram**	Visualisierung & Clusterung

2. TRIZ – Widerspruchsanalyse

Ziel: Widersprüche erkennen und auflösen

Schritt	Passendes KI-Tool	Nutzen
TRIZ-Prinzip identifizieren	**ChatGPT / PromptLoop**	Auswahl passender Prinzipien
Ideengenerierung	**GPTs mit TRIZ-Datenbank / Prompt Engineering Tools**	Praxisnahe Beispiele
Patentdatenbank-Recherche	**The Lens / Semantic Scholar**	Ähnliche Lösungen aus der Praxis

3. First Principles Thinking

Ziel: Von Grundannahmen zur neuen Lösung

Schritt	Passendes KI-Tool	Nutzen
Annahmen dekonstruieren	**ChatGPT / Explainpaper**	Fundamentale Überprüfung
Parametervergleiche	**Wolfram Alpha / ChatGPT Code Interpreter**	Rechenlogik für neue Lösungen

Thomas Gernbauer - Probleme methodisch lösen mit KI.

Schritt	Passendes KI-Tool	Nutzen
Hypothesenbildung	Elicit.org	Strukturierte Argumentationshilfe

---

4. SCAMPER

Ziel: Kreative Varianten entwickeln

Schritt	Passendes KI-Tool	Nutzen
Varianten-Ideen erzeugen	ChatGPT / Ideanote	Prompt-basierte Ideengenerierung
Nutzerreaktionen simulieren	Forethought AI / FeedbackAI	Vorab-Evaluation von Ideen
Visualisierung	Uizard / FigJam AI	SCAMPER-Boards automatisch generieren

---

5. Decision Matrix / Bewertungsmethoden

Ziel: Objektive Bewertung von Optionen

Schritt	Passendes KI-Tool	Nutzen
Entscheidungskriterien gewichten	**ChatGPT / Delve.ai**	KPI-Vorschläge und Gewichtung
Matrix erstellen und rechnen	**Excel mit Copilot / Airtable AI**	Automatisierung von Bewertungstabellen
Szenarien vergleichen	**Notion AI / Cogram**	Qualitative Gewichtung in Textform

---

6. OODA-Loop

Ziel: Schnell handeln unter Unsicherheit

Schritt	Passendes KI-Tool	Nutzen
Umfeld beobachten	**Perplexity / Feedly AI**	Live-Trends & Signalerkennung
Hypothesen generieren	**ChatGPT / Consensus**	Szenarien & Handlungsempfehlungen

Thomas Gernbauer - Probleme methodisch lösen mit KI.

Schritt	Passendes KI-Tool	Nutzen
Entscheidung simulieren	**Foresee AI / ChatGPT**	Wirkungssimulationen

7. Prototyping

Ziel: Idee sichtbar und testbar machen

Schritt	Passendes KI-Tool	Nutzen
Wireframes / Mockups	**Uizard / Figma AI / Visily**	Low-Code Prototyping
User Stories generieren	**ChatGPT / Copy.ai**	Szenarien für Interaktion
Feedback simulieren	**Userbrain AI / FeedbackAI**	Nutzerreaktionen testen

8. Blue Ocean Strategy

Ziel: Neue Marktchancen erkennen

Schritt	Passendes KI-Tool	Nutzen
Marktanalysen	**Crunchbase AI / ChatGPT + Web Plugin**	Wettbewerbslandschaften
4 Actions Framework anwenden	**ChatGPT / Notion AI Template**	Eliminate-Reduce-Raise-Create Matrix
Visuelle Darstellung	**Canva / Miro AI**	Strategy Canvas als Board

---

9. Root Cause Analysis (5-Why, Ishikawa)

Ziel: Ursachen statt Symptome bearbeiten

Schritt	Passendes KI-Tool	Nutzen
Ursache-Wirkungs-Kette	**ChatGPT / Explainlikeimfive.io**	Schritt-für-Schritt-Analyse
Diagrammaufbau	**Lucidchart / Miro AI / Whimsical**	Fishbone-Diagramm mit KI-Vorschlägen

Schritt	Passendes KI-Tool	Nutzen
Ursachen bewerten	**Causal AI / PromptLoop**	Priorisierung von Einflussfaktoren

10. Pre-Mortem Thinking

Ziel: Scheitern gedanklich vorwegnehmen

Schritt	Passendes KI-Tool	Nutzen
Worst-Case-Szenarien generieren	**ChatGPT / Claude**	Simuliertes Scheitern
Frühwarnzeichen identifizieren	**Delve.ai / Elicit.org**	Rückschlüsse aus bisherigen Fehlern
Maßnahmenplan ableiten	**Notion AI / Airtable Automations**	Risk-to-Action Mappings

11–13. Denkbarrieren durchbrechen (Inversion, Lateral, Kontrafaktisch)

Thomas Gernbauer - Probleme methodisch lösen mit KI.

Schritt	Passendes KI-Tool	Nutzen
Ideen auf den Kopf stellen	**ChatGPT / Poe.com / Anthropic**	Umkehr- und Was-wäre-wenn-Denken
Analogie-Suche	**Analogous AI / ChatGPT Custom GPTs**	Unverwandte Lösungen als Inspirationsquelle
Alternative Wirklichkeiten simulieren	**Character.AI / Scenario AI**	Gedankenspiele für Entscheidungsdivergenz

14–15. Systemisches Denken & Leverage Thinking

Schritt	Passendes KI-Tool	Nutzen
Causal Loop Diagramme	**Loopy / Kumu.io / Miro AI**	Rückkopplungskreise abbilden

Thomas Gernbauer - Probleme methodisch lösen mit KI.

Schritt	Passendes KI-Tool	Nutzen
Hebelpunkte erkennen	**Causal AI / Impact Mapping Tools**	Verstärker und Engpässe simulieren
Systeminterventionen bewerten	**WhatIf AI / GPT Vision**	Interventionen in komplexen Modellen durchspielen

16. Bias Busting / Cognitive Reflection

Schritt	Passendes KI-Tool	Nutzen
Argumentationen analysieren	**ChatGPT / Prompt Perfect**	Denkfehler aufzeigen
Rollentausch-Simulation	**Character.AI / SocraticGPT**	Alternativlogik aus anderen Blickwinkeln
Reflexionsfragen generieren	**Notion AI / GPTs mit Coaching-Logik**	Klarheit durch Gegenfragen

17. Nudging & Entscheidungsarchitektur

Schritt	Passendes KI-Tool	Nutzen
Entscheidungsumfeld modellieren	**Choice Architecture Canvas + GPT**	Heuristik und Bias einbeziehen
Verhalten vorhersagen	**Behavior AI / Receptiviti**	Emotionale Trigger analysieren
Interventionen texten	**Copy.ai / ChatGPT**	Sprachlich präzise Mikroanreize gestalten

18. Jobs to Be Done

Schritt	Passendes KI-Tool	Nutzen
Interviews auswerten	**Dovetail / Fireflies / Otter.ai + GPT**	JTBD-Cluster automatisiert erstellen
Jobs formulieren	**ChatGPT / Claude**	Klar formulierte funktionale + emotionale + soziale Jobs
Produkt-Match analysieren	**Descript / PromptLoop**	Erfüllt das Angebot den Job?

19. Sensemaking

Schritt	Passendes KI-Tool	Nutzen
Aussagen clustern	**Whimsical AI / Miro AI / Notion AI**	Aussagen strukturieren
Spannungen identifizieren	**ChatGPT / Loom with AI summary**	Gegensätzliche Narrative erkennen
Bedeutungsräume generieren	**SocraticGPT / Claude**	Sinnbilder und übergreifende Storylines

---

20. KI als Denkpartner – Methodenintegration

Schritt	Passendes KI-Tool	Nutzen
Methoden-Matching	**Prompt-Builder-Tools / Notion Relational DB**	Welche Methode für welchen Fall
Kombinationen vorschlagen lassen	**ChatGPT / GPT-Toolbox**	Adaptive Methodenmuster
Promptdatenbank pflegen	**Notion / Tana / Airtable + AI Plugin**	Toolkits intelligent verwalten

Danksagung

Dieses Buch ist nicht nur das Produkt einer Maschine – sondern das Ergebnis vieler Gespräche, Experimente, Zweifel, Lernschleifen und Impulse aus der Praxis.

Ein besonderer Dank gilt:

Den mutigen Unternehmen und Teams, die Methoden ausprobiert und weiterentwickelt haben

Den kritischen Köpfen, die geholfen haben, über den Methodentellerrand hinauszuschauen

Allen, die KI nicht als Gefahr, sondern als Einladung zum besseren Denken sehen

Und nicht zuletzt: Den Leser:innen wie dir, die bereit sind, sich selbst und ihr Denken immer wieder neu zu betrachten

Weiterführende Literatur & Impulse

Clayton Christensen – The Innovator's Solution *(Jobs to Be Done)*

Donella Meadows – Thinking in Systems *(Systemdenken)*

Cass Sunstein & Richard Thaler – Nudge *(Verhaltensökonomie)*

Edward de Bono – Lateral Thinking

Daniel Kahneman – Thinking, Fast and Slow *(Cognitive Biases)*

Gary Klein – Sources of Power *(Naturalistic Decision Making)*

Karl Weick – Sensemaking in Organizations

4 Notizseiten

Was war meine wichtigste Erkenntnis?

Thomas Gernbauer - Probleme methodisch lösen mit KI.

Welche Methode will ich morgen testen – mit wem, wie, warum?

Wo will ich anders denken als bisher?

Thomas Gernbauer - Probleme methodisch lösen mit KI.

Was bleibt? Was darf gehen?